D1476491

Hombres
que cambiaron
la historia
I

Jaime Maristany

Maristany, Jaime
    Hombres que cambiaron la historia. - 1a ed. - Buenos Aires: Pluma Digital
Ediciones, 2014.
    130 p.; 225x155 cm.

    ISBN 978-987-3645-12-9

    1. Historia Universal. I. Título
    CDD 909

Coordinación editorial: Osvaldo Pacheco
carlososvaldopacheco@hotmail.com

Diseño de tapa e interior: www.editopia.com.ar

Fecha de catalogación: 04/08/2014

ISBN 978-987-3645-12-9

9 789873 645129

Índice

Aclaración

La decisión del contenido de este libro está basado en:

1. la intención de resaltar a quienes produjeron efectos importantes en la Historia
2. reducir la cuestión a la Historia de la Civilización Occidental y Cristiana, aunque se consideren casos previos a ella o de influencia indirecta
3. escribir un libro que estuviera dentro de las limitaciones que impone actualmente, la celeridad de la vida (se considera que más de 250 páginas son resistidas por el lector en general)
4. abarcar cada una de las biografías en una cantidad de páginas que permitiera cumplir con el objetivo anterior, siendo consciente de que cada uno de los personajes podría cubrir, y merece, muchas más paginas
5. la elección de un número de personas que permitiera cierta amplitud en su consideración, sabiendo que se dejaba afuera a otros, decisión personal criticable que podrá corregirse de algún modo en un próximo libro.

El orden de las biografías se atiene a los siguientes criterios:

La primera es la de una persona (Dios o no) que ha sido, a mi entender, la persona que más fuertemente ha influido en nuestra civilización.

Las tres siguientes siguen la definición de Toynbee quien consideraba a Tutmosis III, Julio César y Napoleón, los tres más grandes gobernantes de la Historia.

Luego de los mencionados, el orden es cronológico.

Ha habido mujeres que podrían ser parte de este grupo. No es una cuestión machista no incluirlas, sino el hecho de que las he considerado en "Mujeres de la Historia", libro (siempre de pocas páginas) que pueden encontrar en www.hombreysociedad.com, el sitio donde guardo mis obras no empresarias, desde donde pueden bajarlo gratuitamente.

I

Jesús

Jesús de Nazaret nació en Belén en una fecha imprecisa que oscila entre el año 7 y el año 4 a.JC. la confusión de las fechas se deba a Dionisio el Exiguo, un monje que en el siglo IV ubica el nacimiento de Jesús en el año 754 de Roma y no en el 750. En este caso Jesús hubiera nacido cuatro años después de iniciada la era cristiana. Las fechas y los hechos son elusivos en este inicio. Así es improbable que los que conocemos como Reyes Magos hayan llegado inmediatamente a visitarlo. A raíz de su visita, Herodes manda matar a todos los niños menores de dos años, lo que significa que los Reyes llegaron algo después de lo que se supone por las Escrituras. Tampoco es claro ni cierto que José haya decidido huir a Egipto. Más bien parece que se quiere renovar la antigua esclavitud de los judíos en Egipto. Tampoco hay certezas sobre si José y María ya convivían cuando nació Jesús. Si bien está claro que el embarazo es previo a la convivencia, sabemos que José era viudo y que se casó con María, una joven de quince años, hecho habitual para la época, lo que no significa que convivieran. Para quienes creen en los Evangelios y la aparición del ángel a José, la cuestión es sencilla. Para quienes toman la historia en sentido literal, la actitud de José es por demás generosa, ya que según eso María habría tenido relaciones con otro hombre y él no la condena sino que la acepta, aunque no en total derecho de convivencia.

De acuerdo con los análisis que se han hecho al respecto José ya tenía seis hijos, cuatro varones y dos niñas, cuando se casó con María. María se hizo cargo de todos ellos en Nazaret. José era carpintero pero: según la traducción era especialista en trabajar madera y hierro. Para un pueblo de 500 habitantes como sería Nazaret en ese momento, era un exceso, pero si consideramos que estaba a una hora de Seforis, la capital de Galilea, esto ampliaba su mercado. Evidentemente Jesús siguió los pasos de José en este sentido.

Hay una duda instalada respecto del lugar de nacimiento por el arqueólogo Aviran Oshri (Archaeology, Nov. 2005). Si bien es cierto que fue Belén el lugar de nacimiento, la cuestión es de cual de ambos villorios se trata. El que figura oficialmente es el de Judea porque esto confirma la descendencia de Jesús de David, quien nació en esa ciudad. Pero hay otro Belén en Galilea a 6 km. de Nazaret desde donde es mucho más posible para viajar para una mujer en sus últimos días de embarazo en un asno, que no desde los 150 a los que se encuentra el Belén oficial de Galilea. En este lugar no se encontraron elementos propios de la época del nacimiento de Jesús, y sí en cambio se encontraron en el Belén de Galilea. Aunque hay alguna referencia a este Belén, las Escrituras confirman el nacimiento en Judá, necesario para confirmar la descendencia de David.

Las enseñanzas eran básicamente religiosas y por ellos Sinagoga y Familia eran una unidad, ya que en ambas se aprendían los rezos y las Escrituras. Así Jesús aprendió a memorizar las oraciones y las Escrituras, al tiempo que practicaba el oficio del padre.

En esa época ser rabino no significaba una posición formal y técnica como fue después del año 70, sino que era solamente una denominación genérica de maestro y por eso Jesús lo acepta. Jesús hablaba tres idiomas, el arameo que se hablaba comúnmente en Galilea, el hebreo que era la lengua del rito y el griego que era la lengua general del comercio, la industria y la administración.

No hay acuerdo sobre cuándo inició Jesús su actividad pública. Según las veces que fue a Jerusalén podrían ser uno o tres años. Lo más probable es que haya sido en el año 28 entre sus 33 y 35 años. Tenía un plan lo cual explica por qué, si bien ya contaba con edad para casarse, no tomara ninguna iniciativa en este sentido a pesar de que Nazaret esperaba que uno de sus más distinguidos habitantes se casara ya que, en un pueblo agrícola, ser artesano lo distinguía por encima de los demás habitantes.

I-I Jesús y Juan

Juan el Bautista fue llamado así a pesar de que había otros hombres que también profetizaban y bautizaban por inmersión. Jesús, sin embargo, lo eligió a él y pasó un tiempo en su comunidad en el año 28. Juan dudó más adelante todavía si Jesús era el Mesías y se lo preguntó. La respuesta que Jesús le envió confirmaba que lo era. Jesús fue a seguir el proceso que otros seguían, seguramente para confirmar que quería cumplir con lo que correspondía. Después de su bautizo Jesús sufrió las conocidas tentaciones a que fue sometido y que sobrepasó.

Jesús estuvo con Juan entre dos y cuatro meses a partir de enero del 28. Cuando se fue, cuatro o cinco discípulos de Juan se fueron con él y se convirtieron en los primeros de los Doce apóstoles. Eran dos hermanos, Andrés y Pedro y además Santiago, Felipe y un quinto, Bartolomé, que era de Caná (los otros eran de Betsaida). En las siguientes semanas completó el grupo de doce hombres, que fue el más próximo a él con quienes recorrió Galilea y Judea, que fueron los territorios que Jesús recorrió durante el tiempo de su peregrinación, con una corta salvedad en que viajó a Fenicia.

Según B.Chilton, Jesús dejó de bautizar para diferenciarse de Juan, a quien Antipas tenía señalado y si lo hubiera hecho, él podría aparecer como un seguidor del Bautista. Además el problema con Antipas estaba circunscrito a Perea y a Jesús le interesaban Galilea y Judea, así que irse fue también un acto de su propia estrategia predicadora.

Jesús se diferencia de Juan, además, porque para él el final del mundo es un hecho a larga data, porque Dios tiene mucha paciencia y ofrece la salvación a todo el mundo en especial a los pecadores. Juan, en cambio, era más directo y de pensaba el fin del mundo en un corto tiempo, donde el juicio de Dios sería duro y en especial con los pecadores, terminante.

Por otra parte, Juan era muy ascético y fue criticado por su costumbre de comer con austeridad. Jesús, por su parte, comía en banquetes, con judíos, con publicanos, bebía y gozaba, en fin, de los frutos de la mesa. Por eso cuando lo criticaban por excesivo y borracho él decía que a Juan lo habían criticado por no comer casi nada y ahora que él comía, lo criticaban por comer.

Juan se quedaba en el hecho de bautizar y en un llamado a la vida virtuosa, sin plantear cuestiones doctrinarias salvo los casos de matrimonio como el de Antipas, ya que Herodes había roto la relación con su mujer y se había unido a la de su hermano. Antipas temía que la conducta de Juan terminara siendo un centro de movimiento contrario a él y por eso lo mató, más allá de los deseos femeninos. Herodes Antipas fue tetrarca de Perea y Galilea desde el 4 al 39 y por eso Jesús, en el viernes de su muerte, pasó también por su palacio. Jesús, en cambio, desarrolla una estructura doctrinaria profusa y cuando sus seguidores le piden que les enseñe a orar, les enseña el Padrenuestro.

I-II La vida pública - Preámbulo

A principios del año 28 Jesús inició su vida pública que duraría dos años. Ese periodo se suele tomar de manera masiva, como si fuera una continuidad. Sin embargo él mismo tiene alternativas diferentes debidas al entorno y a sus propias decisiones. Para distinguir entre estos tiempos voy a tomar la división y distinciones que hace Puig.

Por de pronto hay que ubicarse en la disposición cotidiana de Jesús. Su vida en constante movimiento suponía tres tipos de seguidores. A todos ellos se les exigía una creencia sin fisuras, un compromiso total con su palabra de Jesús. Hay unas expresiones de Jesús en este sentido que son tajantes: "Quien quiera salvar su vida la perderá, pero quien quiera siguiéndome a mí y a los evangelios la salvará". Esta frase del evangelio de Marcos nos muestra ya algo que repetiré luego con mayor detalle: Jesús no pudo pronunciar estas palabras porque los Evangelios no existían en su época y decirles a los judíos esta frase tenía un elemento desconocido que la hacía carecer de sentido.

Jesús tenía discípulos que eran sedentarios o itinerantes. Los discípulos sedentarios eran personas que creían en él pero que se mantenían en sus casas. Cuando Jesús y los Doce apóstoles llegaban los recibían, los alimentaban y les daban cobijo. Si no cabían en una casa se dividían en varias. Estas personas aparecen en Galilea y en Jerusalén aunque también en Betania (Lázaro) y Befagé (Huerto de los Olivos). Había, asimismo, judíos que no se decidían a declararse abiertamente seguidores de Jesús como José de Arimatea o Nicodemo, que se declararon más tarde cristianos pero que temieron la represalia de los sacerdotes.

Había discípulos itinerantes que lo seguían por algunos o todos los lugares por los que Jesús caminaba. Esta actitud demostraba la intención de Jesús de no crear un Santuario para su permanencia y sus milagros. Jesús quería estar con la gente. Parte de estos eran un grupo, en especial de mujeres, que se adelantaban a Jesús y anunciaban su llegada al lugar al que se dirigía para que los discípulos sedentarios se prepararan. Los discípulos itinerantes tenían que dejar a su familia para seguirlo, lo cual se relaciona con las frases de Jesús dirigidas a la importancia de adherir a la Palabra por encima de los sentimientos familiares. De hecho toda persona que oyera la palabra de Jesús se convertía en su discípulo. Las mujeres, no eran meramente la parte logística del grupo, sino que, en primer lugar, eran discípulas convencidas que tomaban ese rol para ayudar a Jesús. Fueron ellas, además, las que permanecieron a su lado durante el maltrato que sufrió, en su crucifixión, su sepultura y las que encontraron vacía la tumba, corroborando además, una tendencia general de la Humanidad por la cual las mujeres tienden a estar en esos momentos de dolor y los varones tendemos, en cambio, a mantenernos ocupados en nuestras cosas. La presencia de las mujeres en el tercer día no responde a ninguna profecía sino al hecho de que terminado el día de descanso, habían ido a ungirlo con aceites y así fue como encontraron el sepulcro vacío. Jesús no promueve la separación de sus discípulos de la familia sino que por el contrario los incita a que viajen con sus mujeres. Estas mujeres las menciona el Evangelio como María Magdalena, María, madre de Santiago y José, Juana, mujer de Cusa, y Salome, seguramente madre de Santiago y Juan. Estas mujeres no estaban encargadas del dinero sino tan solo de buscar lugares para el grupo que venía tras ellas. El cajero por decir así, del grupo de los Doce era Judas el Iscariote, de dónde provenía, no Judas Tadeo.

Había por fin un grupo de discípulos muy cercanos, los Doce, con quienes compartía su doctrina de manera más específica y profunda. Estos doce eran pescadores (cuatro) o miembros de otros oficios. El pescador de la época no era un ser solitario sino que formaba una pequeña empresa con siete a doce personas en las barcas en las que pescaban. Los demás dejaban sus haciendas y sus profesiones además de sus familias. La cantidad de doce no era arbitraria sino que respondía a las tribus de Israel que eran Doce. Cuando Jesús manda a los Doce a recorrer en parejas Israel, para que divulguen la palabra y realicen milagros está adelantando el Reino, está proclamando la venida de un tiempo nuevo, de un Reino que es él quien lo proclama pero que los demás malentienden.

En esa época Teudas y el Egipcio llevaron a mucha gente al desierto con la promesa de un signo profético que terminaría con la dominación romana. Jesús no adoptó esta estrategia. Había dejado de bautizar y no prometía el fin de la dominación romana. Se mantenía en los territorios de Galilea y Judá con alguna excepción que veremos, y se mantenía en la exposición de su doctrina y en los actos extraordinarios que realizaba. Esto hacía que las personas se maravillaran y lo siguieran escuchando su palabra.

Sin embargo eran pocas las que cambiaban su vida. Esta dureza la manifestó Jesús en la parábola de la siembra, distinguiendo entre las semillas que caían en terreno seco, las que encontraban tierra con poca raíz, que nacían pero morían enseguida, las que crecían dando frutos, algunas de las formas que veía a su alrededor caminando por Palestina.

I-II-I Los adversarios

Jesús tuvo adversarios, lo que no es de extrañar en toda persona pública. Podemos mencionar a los sacerdotes, saduceos o fariseos, que aunque diferentes, no aceptaban a ese rabino atípico. Sin embargo, cuando Jesús le pregunta a un maestro de la Ley cuál es la doctrina básica y él le contesta amar a Dios y a los demás, Jesús le contesta, "no estás lejos del Reino de Dios" (Marcos 12-28). Pero otras veces choca con ellos, como cuando sana al paralítico de Cafarnaúm diciéndole "tus pecados te son perdonados", lo que los escandaliza porque según ellos el único que puede perdonar los pecados es Dios. ¿Quién es éste para perdonar pecados?

Otro grupo que era antagónico era el de los herodianos, que apoyaba a Herodes, quien a su vez era tetrarca de Roma, para quienes Jesús era una verdadera molestia desde el punto de vista político, capaz de producir un levantamiento contra el poder.

Por último estaba el grupo de los esenios que se distinguían por su vida austera, que vivían en comunidad en las afueras y que dejaron el Qmrá, el escrito de su tiempo y creencias

Los verdaderos enemigos eran los saduceos. Vemos cómo en los momentos críticos, los fariseos no aparecen, no están realmente en contra porque participan en muchos puntos de su palabra, los esenios desde luego están en su hábitat y los herodianos son los que se unen a los saduceos para evitar cualquier amenaza contra el poder instalado.

I-III La vida pública: Primera parte (fines del 27 hasta mediados del 28)

Durante treinta años Jesús vivió en Nazaret, yendo a Jerusalén con sus pares, en una de cuyas ocasiones se quedó discutiendo con los sacerdotes.

Niño aun, a los14 años se hizo cargo de la carpintería al morir José y, para sorpresa de los habitantes del pueblo no se casó, cuando tenía la edad en que debía de haberse casado. Un día entre sus 33 y 35 años se fue a bautizarse con Juan y se quedó con él unos pocos meses. De allí se le reunieron cinco hombres que ya mencioné y con ellos se fue a Jerusalén para participar en la fiesta judía.

Jesús bautiza y también lo hacen sus discípulos, en el Jordán. Juan anunciaba la llegada inmediata de Dios, Jesús predica sobre el amor, la bondad y la llegada de Dios *sine die*. Un día, Juan es encarcelado y ese día Jesús deja de bautizar y se vuelve con sus discípulos a Galilea. Bautizar se ha vuelto un signo demasiado peligroso y lo importante es la Palabra y los actos milagrosos que pueda hacer, que son los signos por los que la gente lo distingue y cree en él. Juan es muerto por Antipas.

I-IV La Vida Pública- Segunda parte (mediados del 28 hasta la Pascua del 29)

La segunda parte se inicia con su traslado a Galilea. Su centro es ahora Cafarnaúm y vuelve a Nazaret en visitas en las que es desconocido ("¿No era este el hijo del carpintero?"). Vive en la casa de Andrés sobre el lago pero no se queda en las poblaciones sino que se mueve por los espacios intermedios. Aparte de Galilea sabemos que fue a Decápolis, territorio no judío donde curó a un hombre de sus demonios. Decápolis estaba junto al lago. En estos movimientos es seguido por cada vez más personas que vienen de otras partes y creen en él como en un profeta, escuchan su palabra y quedan admirados por las curaciones que realiza.

La tercera etapa que transcurre entre la Pascua del 29 y los Tabernáculos de ese mismo año, reúne dos elementos fundamentales. Uno es el hecho de que Juan ha sido asesinado por Antipas, el otro es que la cantidad de personas que lo sigue a Jesús ha ido creciendo y esperan la llegada del Reino. Esto significa la destitución de Antipas y la venida del Reino con Jesús. Esto mismo cree Antipas y sus seguidores, por lo cual Jesús opta por hacer su andar más itinerante y moverse por los bordes de Galilea. Así va Fenicia, sigue a la tetrarquía de Filipo y continúa a la Decópolis, territorios que no son judíos pero además no están bajo el poder de Antipas. Esto transcurre desde abril hasta septiembre. Es un tiempo en que está prácticamente sólo con sus discípulos en largas caminatas. Es el tiempo en que pregunta "¿Ustedes quien creéis que soy?", donde Pedro contesta "que eres el Mesías", con lo cual se va configurando una imagen de Salvación y de Reino.

En la cuarta etapa Jesús abandona Galilea y se va al sur, a Perea. Caminará además por Judea y Jerusalén hasta estar próxima la Pascua del año 30. Habla pocas veces en público, pero lo hacen sus discípulos. Cuando le dicen que su amigo Lázaro está grave, se va a Judea y la resurrección de Lázaro los pone aún más nerviosos a los sacerdotes. De hecho los mismos discípulos sienten que está por llegar el tiempo del Reino y algunos ya se presentan como candidatos a puestos de honor. Hay una casa en que es acogido donde descansa.

La quinta etapa transcurre durante la Pascua del año 30. Jesús cruza por Betania donde su discípulo sedentario Simón el Leproso le ofrece una comida a la que asisten Marta y María las hermanas de Lázaro y éste también. Todos ellos son discípulos sedentarios de Jesús. A partir de esta comida que transcurre el domingo 2 de abril Jesús va todos los días a Jerusalén donde es seguido por una multitud y vuelve a Betania a dormir. Los sacerdotes ya han decidido su muerte y Caifás tiene ya la orden para hacerlo llevar a cabo la ejecución. El problema que tienen es que siempre está rodeado de mucha gente enfervorizada y esto hace muy difícil aprehenderlo. Como   la gente se mueve de una manera festiva, al grito de "Hosanna", las tropas romanas no intervienen. Si se tratara de un movimiento de una multitud en cualquier otra actitud la atacarían para dispersarla. Por esto tenemos que llegar a la conclusión de que la multitud esta alegre y al grito de Hosanna, Jesús entra triunfalmente en Jerusalén seguramente el lunes tres aunque podría haber sido también el mismo domingo. Esto surge del cálculo de los días a partir de la fiesta judía. El lunes, el martes y el miércoles, Jesús sube a Jerusalén, y en el templo se purifica como corresponde y después   habla a la gente. En uno de estos días expulsa a los mercaderes. Los sacerdotes cada vez más nerviosos llegan a un acuerdo con Judas. El jueves Jesús cambia su costumbre de volver a Betania y encarga a dos de sus discípulos para   que organicen una comida para esa noche para él y los doce. Durante la comida Jesús anuncia que será traicionado y negado por algunos de ellos, imprevistamente, se saca el manto y les lava los pies. Terminada la cena, Jesús se va con los suyos, menos Judas, al Huerto de los Olivos. Allí es donde transpira sangre cuando se imagina por todo lo que va a pasar. Allí es también donde Judas llega con los soldados y después de una breve resistencia de los discípulos, que Jesús reprime, se lo llevan ante Anás y luego ante Caifás. Durante la noche es objeto de graves maltratos y a primera hora es llevado ante Pilatos so pretexto de que se dice ser rey de los judíos. Pilatos no le encuentra culpa y por fin se lava las manos diciendo que no cree que sea culpable. Los judíos han preparado a la multitud para que decidan que quien debe ser puesto en libertad, como corresponde a la semana, sea Barrabas y no Jesús. El grupo de personas grita que quiere a Barrabas. Así Jesús es llevado al Gólgota, un monte cercano, con la ayuda de Simón el Cireneo para llevar la cruz, es crucificado y entre los dos ladrones que estaban allí crucificados también inicia un proceso que se rubrica con las llamadas "Siete palabras". Están con él su madre, María Magdalena y otras mujeres y están también José de Arimatea, hombre influyente y Nicodemo, del grupo de discípulos no declarados. La primera frase que pronuncia es "Padre perdónalos porque no saben lo que hacen". En medio de su enorme sufrimiento físico, con las espinas en la cabeza, los clavos en manos y pies, lo primero que hace es perdonar a sus torturadores y asesinos. Los delincuentes disputan porque uno le recrimina que los baje a todos ya que es tan poderoso pero el otro le dice que ellos han delinquido y que en cambio Jesús es un inocente crucificado. Y él le dice "Esta misma noche estarás conmigo en el Paraíso", abriendo su corazón a los demás, aun en la situación de extrema penuria en que se encontraba, preocupándose por el otro su prójimo. Después, y viendo que está por dejar a su madre sin su único hijo, le dice mirándola a ella ya Juan "Madre he aquí a tu hijo, hijo he aquí a tu madre". A aquella madre que ha sufrido tanto por los peligros que él corría no quiere dejarla sola y le adjudica confiere la guarda a uno de sus discípulos preferidos. La muerte avanza, el hombre siente todos los daños, la debilidad es extrema y Jesús grita "Dios mío, Dios mío, ¿por qué me has abandonado?". Es la humanidad frente al final, frente al vacío de lo que se va, en medio del terrible dolor, ante la sensación de ahogo que impone la posición en la cruz, Jesús grita su humanidad destrozada. Pero aun cumple con los Salmos y dice "Tengo sed" aunque sabe que le darán vinagre. Hecho lo cual se entrega: "Todo está cumplido". Es una rúbrica, es la firma del final del que ha sido un largo y finalmente terrible proceso. Y para que no quede duda de cuál es el final agrega "Padre, en tus manos entrego mi espíritu". Y se va. Son las tres de la tarde.

Corroborada su muerte por la lanza del soldado en su costado, José de Arimatea consigue permiso para hacerse cargo del cuerpo y junto a Nicodemo, que ha traído mirra y aloe, lo transportan a un sepulcro nuevo en el atardecer del viernes 7 de abril del año 30.

María Magdalena irá el domingo para ungirlo apropiadamente, después del sábado en que estaba prohibido hacer nada y, a primera hora del domingo, encuentra el sepulcro vacío.

Jesús se aparece a sus discípulos que tienen mucho miedo. Luego se vuelve a aparecer porque Tomás duda de que haya sido él quien ha aparecido y dice "Felices aquellos que crean en mí sin verme". Se aparece también a sus dos discípulos que van caminando. Por fin asciende a los cielos.

I-V Judas

Judas Iscariote es seguramente una de las personas más controvertidas de esta historia. Ferviente seguidor de Jesús, sin embargo lo traiciona. Su acto no se puede condonar. En todo caso es una traición a su Maestro. La cuestión es por qué lo ha hecho. Las treinta monedas de los sacerdotes se han hecho célebres recorriendo las palabras y los escritos de las generaciones. Lo vendió por treinta monedas. Y por eso se ahorcó poniendo fin a su vileza.

Judas Iscariote no necesitaba las treinta monedas. Judas Iscariote era un ferviente seguidor de quien iba a traer a la Tierra un nuevo Reino, un Reino que los iba a liberar a los judíos del imperio de los romanos, que les iba a dar libertad. Judas Iscariote no era una mala persona. Era un apasionado, un hombre ardiente que siguió al Salvador. Caminó por él las tierras de Galilea, Perea, Judea y otras y un día vio que el Reino llegaba, al igual que lo sentían sus once compañeros y se dio cuenta también que estaban equivocados. Jesús hablaba de otro Reino. Y esto tuvo el efecto de una bofetada en medio de la cara, fue un insulto a su fe, una profanación, una blasfemia, un agravio a lo que había oído y había seguido durante todos esos meses. Jesús lo había traicionado, lo había engañado y en su rabia, a este enardecido cariota, no se le ocurrió sino devolver ojo por ojo.

Después cuando lo hubo hecho, cuando vio cómo vejaban a su Jesús querido, lo único de que fue capaz fue de destruirse. Fue un traidor porque se sintió traicionado. Se equivocó duramente y creyó que tenía que pagarlo de la misma manera.

I-VI Qué cambia Jesús

Jesús era sintético en sus expresiones. "Amad a Dios, amaos los unos a los otros como yo os he amado". Esta frase en sus dos partes tiene una que es común a las religiones (aunque no a todas) y, otra que es el cambio radical. El mundo en ese momento y durante muchos periodos más vivió en medio de la violencia. Ojo por ojo y diente por diente fue una forma de ponerle límite a la venganza. No fue un acto de violencia sino un acto de misericordia. Frente al daño recibido, no estás en condiciones de arrasarlo al otro, a su familia, a sus propiedades. Si te mató un asno, mátale un asno, pero no dos ni tomes ninguna otra acción violenta contra él.

El mundo romano era cruel. No solamente era violento sino que no se detenía ante el daño al otro. La traición era comida común, el solo hecho de tener enormes estadios (no uno solo, sino uno por población), para gozar viendo como se mataban hombres y animales, ya da una pauta de que clase de sentimientos albergaba ese gran pueblo de la Historia. Tener el poder de levantar el pulgar o bajarlo era pedir que el que presidía el lugar hiciera lo mismo, disponiendo de la vida de un hombre, esto nos da una idea de la falta de misericordia, de la poca importancia que se le daba a la muerte de otro. No era porque, como ocurre en las religiones orientales, pensaran que había otra vida y que el alma transmigra a otro ser. La muerte era el final y había un goce en el poder que les había sido concedido de pedir por la vida o la muerte de un ser humano o de definirla.

Cuando Jesús dice, "amaos los unos a los otros" está dándole forma a un proceso que empezó con la Creación. Dios me ha creado a mí y a cada uno de nosotros porque quiso: Dios no nos necesitaba. Y como Ser Perfecto, solo puedo hacerlo con amor. No estoy diciendo nada nuevo con esto, pero a este hecho se le ha negado demasiadas veces su consecuencia: Dios no me abandonará porque me amó y me sigue amando. La única solución para este problema es que, dejado el cuerpo sin vida en esta Tierra, yo pase a estar con Él. Se objeta que hay gente mala que no merece el Cielo. Juicio soberbio por encima del amor que Jesús manifestó. También se dice que en realidad el infierno es esta vida. Puede ser cierto, pero esto no explica que un niño que recién ha nacido y no ha hecho ningún mal, muera entre sufrimientos. ¿Quizá tenga que haber un Purgatorio para equilibrar los daños? No lo sé. Lo que sí sé es que Dios me ama. Este amor desciende para la vida entre nosotros y este es el enorme cambio que trae Jesús.

Tres veces Jesús hace alguna referencia a la condenación. Esta condenación no figura como que sea eterna. Pero el hombre no puede vivir sin los celos que se instalan en su ser al nacer y tener padres y hermanos. Y tiene que poner de manifiesto estos celos y esta envidia cuando ve a otros que tienen mucho y que él no tiene casi nada y los pone en marcha cuando ve que hay gente que hace daño y que, sin embargo, no recibe un castigo proporcional a ese daño que hace. Aquí interviene Ezra.

Todos los pueblos han tenido su Historia y su religión. Cuando los judíos fueron llevados a Babilonia tenían una nebulosa tras ellos. Sin embargo cuando fueron liberados gracias a los oficios de un profeta que no debió ser judío, el Falso Isaías o, ahora, Isaías el Bueno, Ciro les permitió irse. Hay que hacer notar que los judíos estaban muy bien en Babilonia y ese estar bien hizo que el primer contingente que se lanzó a los tres meses de viaje por el desierto a Jerusalén tardase dos años en decidirse. Después hubo otros, pero muchos (incluido Isaías) se quedaron en Babilonia. Ezra era el sumo sacerdote. Después vino asumió Nehemías como Jefe del gobierno, pero había pasado tiempo y habían sufrido muchas penurias. En Jerusalén había otros pueblos y el argumento de que ellos eran el pueblo de Dios no les convencía. No existía todavía la Organización de las Naciones Unidas.

Una vez que Nehemías, con la ayuda del Rey estableció los territorios del pueblo judío, Ezra pudo llevar a cabo su idea: el pueblo judío era un pueblo sin Historia, ni siquiera tenía mitología escrita. Y Ezra entonces tomó el ínclito trabajo de escribir una Historia de los judíos que, inteligentemente, comenzó con una Historia de la Humanidad y, por lo tanto, con la Creación. El Pentateuco es obra de Ezra y puede ser leído. Quisiera solamente hacer notar algunos aspectos respecto de este escrito:

la mujer es un ser desvalorizado por la forma de su creación;
la mujer es una mala persona que induce al mal.

Estos dos elementos han dado pie en el judeo-cristianismo a todo tipo de barbaridad hasta hace muy poco tiempo. Es cierto que los Padres de la Iglesia se olvidaron d "amaos los unos a los otros" e hicieron hincapié en el daño de la mujer que induce al pecado. (Esta historia del Paraíso condenó a las generaciones posteriores a renegar del sexo y los Padres de la Iglesia hicieron hincapié en ello). ¿Debió Jesús haber dicho "amaos los unos a los otros incluidas las mujeres"?

Jesús no discriminó, tuvo mujeres junto a él que le ayudaron, amaba a todos y por todos se preocupaba y solamente se enfureció alguna vez como contra los que tomaban el templo como lugar de comercio. Siendo el Padrenuestro la oración por definición, donde

Jesús habla de su proximidad a Dios, las Bienaventuranzas se expresan desde su proximidad a los pobres, hambrientos, desconsolados. Y Jesús plantea cuál es la ley para cumplir. No es una ley que además sea condenatoria (repito lo que dije antes) cuanto es una ley ética, de convivencia en el amor, que quien no la cumpla tendrá el peso de la reprobación de Dios y, eventualmente, pasará algún tiempo en el Purgatorio, que no son llamas de fuego, sino algo peor: la ausencia de Dios. Cuando ya no te queda nada que tenga que hacer ver con el cuerpo, cuando no tengas cuerpo, la ausencia de Dios es un castigo tan terrible cuanto hermosa es su presencia. Esto no es poesía, ni es la afirmación de un creyente. Imagínese el lector que no tiene cuerpo, imagínese que el espíritu no está en ese mundo sino en medio de otro mundo que es como el aire (no sabemos qué materia puede ser, pero no será sólida), la presencia de Dios es exultante, más allá del gozo o la alegría y no tenerla es un tenebroso vacío, angustiante porque entonces querré tenerla, no será poesía sino una dura realidad. Que en el balance no me toque eso, porque sé que Dios será misericordioso pero no populista.

Estas leyes empiezan por las tres primeras que tuvo que dictar Moisés porque estaba liderando un grupo heterogéneo de mitanos, árabes, fenicios, judíos, etc. que tenían en común que eran todos *apiru*, la clase de gente que hacía trabajo para otros por los que le pagaban. Estos se rebelaron y se fueron con Moisés y de *apiru* los judíos tomaron el grupo para sí y la designación de *hebreos* próxima en la pronunciación. Los pueblos de la antigüedad tenían un dios creador y otros que formaban su cohorte. Nadie dudaba de ese dios y había acuerdo además de que el dios creador era luego un *deus otiotus* porque ya no intervenía más. Alguna vez dije por error que Zeus era una excepción, pero me olvidé entonces que Gea era el creador y Zeus era un aficionado al sexo con los hombres y con los animales. Por eso pues Moisés dedicó tres normas al reconocimiento de Dios y esto queda en la tradición hasta Ezra y hasta los Padres de la Iglesia. Así empieza el Decálogo.

Continúa con algo que es fundamental en una sociedad: "honraras padre y madre", o sea la familia. A estos agrega una ley tradicional en la antigüedad que era castigada en algunos pueblos con enorme severidad: no cometerás adulterio. La matrilínea es fundamental que sea pura. La mujer es responsable de mantenerla. La familia está basada en ese principio. Por eso el varón recibirá un castigo menos severo en todas las sociedades.

Siguen las normas de convivencia general: "no robarás", "no acusarás a nadie falsamente", "no matarás" y deja de lado los ritos, tales como el trabajo en sábado, la impureza de algunas especies (que lleva a comer comida khoser), el diezmo.

Curiosamente Puig no menciona siquiera alguna manifestación de Jesús o algún comentario propio sobre los que fueron los dos últimos puntos del decálogo. Y he dicho antes que son absurdos y que, seguramente, Moisés los agregó para que el resultado fuera un número redondo, Diez, en vez de ocho, que ni siquiera es un número primario. "No desear los bienes ajenos" no es más que una fantasía que puede ser positiva induciendo a lograr nuevas metas, y que no es nociva hasta que no se concreta en robar. "No desear la mujer de tu prójimo" es también una fantasía que no es una ruptura de ninguna ley en tanto no se convierta en adulterio de alguna de las dos partes.

I-VI El mandamiento del amor

El centro de todo lo que hace y dice Jesús es el amor. Sus mandamientos centrales son "amar a Dios y amar al prójimo". Los dos son iguales los dos centran al hombre en amar y todo lo demás que se diga es secundario, circunstancial y de ninguna manera se comparan con estos dos primeros. Este es el gran cambio que Jesús produce en la Humanidad, aunque los humanos de todas las jerarquías e investiduras nos sigamos resistiendo a este mandamiento, porque hay otra regla que nos atrae mucho más y es el poder. Los hombres de todas las investiduras amamos el poder y tratamos de conseguirlo aunque sea disfrazándolo de caridad, de pureza o de búsqueda de la verdad, las más exquisitas seguramente de todas las excusas para conseguir poder, donde otros ponen simplemente ejércitos.

POR ESO PONGO A JESÚS COMO EL PRIMERO ENTRE LOS HOMBRES QUE HAN CAMBIADO EL MUNDO.
Cada uno decidirá luego, para sí mismo si ese hombre es Dios o no.

II

Mahoma

Muhammad nació *circa* 570 en Makka (La Meca) en el clan de Banú Häshim de la tribu de Qurysh. Quedó huérfano a los seis años y fue llevado por una familia beduina a los alrededores del desierto, lugar más tranquilo que las poblaciones. Cuando creció trabajó para su tío Abu Talib y se dice que acompañaba a caravanas a Siria. Fue reconocido como un joven muy honesto y eficaz y así fue contratado por una rica viuda, Khadija, quien decidió casarse con él; aunque era 15 años mayor que su esposo: él tenía entonces 25 años. Su casamiento le permitió vivir una vida social diferente, siendo reconocido como un buen comerciante. Muhammad nunca se casó de nuevo ni tuvo otras esposas hasta la muerte de ella en 619.

En el año 610 comenzó a retirarse a una cueva del monte Hira en el desierto. Recibió la visita de un ser que le incitó a repetirle a la gente que había un solo Dios. Y Muhammad empezó por su pueblo, La Meca, hablándole a la gente de la importancia de que reconocieran a un solo Dios, de que fueran justos y que cuidaran al pobre. Allí reconoció a Allah, su Dios. Su arenga causó malestar a las autoridades pero la gente empezó a escucharlo y seguirlo.

Su popularidad creció y tuvo seguidores. Al mismo tiempo los no creyentes persiguieron a los seguidores de Mahoma llegando hasta la lapidación. Cuando hablaba de que habría tormento para los que no creyeran, se burlaban de él diciéndole que apurara el tiempo del tormento. Mahoma estaba sorprendido y pensó que la intercesión de los ídolos a los que los árabes adoraban podría ayudarlo. Después se dio cuenta que había sido una tentación del demonio y volvió a la unidad del dogma. En este tiempo hubo una coalición para matarlo de la que lo salvo su tío Abu Talib que, aunque no era creyente, debido a su consanguineidad, no aceptó que pudieran matar a su sobrino.

En sus sucesivas y a veces largas estancias en la cueva recibió otros mensajes de Dios, Allah, a través del arcángel Gabriel y el elemento esencial era la sumisión a Dios. Sumisión era, en la raíz arábiga, *s-l-m* de donde *Islam* y el sumiso era el *muslim*, forma pasiva de la misma palabra. En todo momento tuvo el apoyo de su esposa, quien finalmente murió en 619. En este tiempo murió también su tío Abu Talib.

Estaba cada vez más solo y pobre y no conseguía convencer a la gente. Este mal momento pasó y su prédica tomó nuevo vigor cuando los habitantes de Yatrib, reconociendo los méritos que había tenido, lo invitaron a que fuera árbitro entre las tribus de Aws y Jazrach. Así en el año 622 decidió viajar con sus seguidores a Yathrib, en pequeños grupos para no generar suspicacias. Esta fue la Héjira, un paso fundamental que se conmemora como los judíos conmemoran el Éxodo. Así llegó a la ciudad que llamaría Madina, la ciudad principal de la zona y llamada por la Héjira como la ciudad del profeta. En ella comenzó a vislumbrarse al jefe político y no solo religioso. Mahoma estaba sorprendido porque en ningún momento había pensado en ser político. Esto fue un notable paso, ya que los primeros seguidores de Mahoma aparte de su esposa y miembros de su familia, eran pobres y personas de poca influencia.

En Medina se reunieron los *Muhajiran* (los emigrantes que lo seguían desde Makka) con los *Ansar*, sus seguidores de Medina que se habían reunido en gran cantidad. La fecha de partida de La Meca es el inicio de la era mahometana, 16 de julio de 622 de la era cristiana. Los primeros, pobres ya de por sí, no tenían recursos en Medina y entonces optaron por asaltar las caravanas que iban a La Meca. Esas acciones fueron fructíferas, aunque la gente de La Meca se resentía por las pérdidas que sufría. Un raid a Badr en 624 trajo grandes ganancias y esto fue visto como una bendición de Allah. Para fortalecer el Estado declaró la libertad de cultos e inclusive adoptó alguna forma del ritual judío, principal comunidad no islámica de la ciudad. Estas acciones sin embargo no le dieron el resultado que esperaba. Entonces decide considerarse el último profeta que anunciara a Jesús (quien como Adán es parte del Corán).

En el año 2 tuvo problemas por el ataque que una partida islámica hizo contra una caravana judía aportando un fuerte botín. Los refuerzos con que atacaron el año siguiente batieron a los islámicos en la batalla de Uhud, derrota que se achacó a la falta de fe de los seguidores de Mahoma. Esta derrota animó a los judíos y beduinos quienes aumentaron sus burlas. Mahoma los atacó y venció a los Banu Nadir quienes dejaron grandes riquezas en la huida

Los judíos de Jaybar instigaron a los coraxíes a atacarlo con un ejército de diez mil hombres (cifra quizá exagerada). Por iniciativa de Salman de Fars, mandó construir un foso frente a los lugares más indefensos de la ciudad. Los atacantes se quedaron estáticos frente a ese espacio misterioso, sin saber que hacer y, frente a su falta de reacción, fueron vencidos. Por ese tiempo su única esposa virgen Aysa fue acusada de adulterio. Frente e este hecho Mahoma dijo que iba a consultar con Dios. La rápida respuesta fue que cuando se habla hay que saber de qué se habla y no ser mentiroso o exagerado porque esto va contra la Ley. Nunca sabremos si Aysa fue adultera.

Notablemente, él fue convirtiéndose en el líder de los múltiples grupos que pululaban por Arabia y tomó La Meca, como la ciudad que, desde entonces, es la capital del islamismo. La *Kaaba* fue limpiada de sus ídolos y quedó en una gran piedra única adonde los islámicos deben ir por lo menos una vez en su vida. Eliminó todos los ritos antiguos y los reconfiguró al modo que aún se mantienen hoy día.

Cuando quiso ir a los lugares santos invitó a los beduinos pero fueron detenidos por los coraxíes. Mahoma reunió a su gente con la que había ido como romería y no como ejército, y se propuso atacar. Sin embargo fueron detenidos pero cuando pareció que atacarían aceptaron dejarlo pasar. Se firmó la paz de Hudaybiyya y se aceptó que Mahoma fuera a los lugares sagrados al año siguiente.

Los pueblos árabes seguían reuniéndose a su alrededor y entonces dispuso que la religión y la política eran una sola cosa que se regía por el Corán. En el año 10 (636 d.JC.) se sintió lo suficientemente fuerte como para conducir la peregrinación como dueño indiscutible de Arabia. Esta fue llamada la peregrinación de despedida. En julio de 632 murió, cuando preparaba una expedición contra algunos sublevados.

Cuando Mahoma murió en 632, esto fue una crisis grave porque el líder era muy difícil de sustituir, pero hubo acuerdo en la necesidad de que hubiera uno y fue elegido el suegro de Mahoma, Abu Bakr con el rango de *khalifa*, es decir diputado, quien gobernó hasta 966.

Mahoma dijo una serie de frases, sentencias que se reunieron en un libro, el único del islamismo, el Corán. Se ha dicho que Mahoma era analfabeto, pero parece extraño que alguien así pueda comerciar y hacer no solamente cuentas sino acuerdos. Mahoma, además de lo ya dicho antes, predicó la guerra santa como una forma de ampliar su fe, prometiendo un lugar muy especial lleno de placeres para quienes murieran en esa lucha. Esto fue fundamental para el islamismo que de esta manera creció desproporcionadamente en los años siguientes hacia Oriente y Occidente. En nuestra civilización llegó hasta el centro de Francia dónde fue derrotado por Carlos Martel.

La significación de Mahoma es enorme. Supo lo que necesitaba su pueblo y lo configuró de una manera excepcional. No pretendió ser un hombre de religión sino más bien un hombre de formación y de guía. Los árabes, que eran múltiples y pequeños grupos, lo rodearon y formaron junto a él un enorme imperio.

II-I El Corán

La Toraha es el libro de los judíos, los Evangelios es el de los cristianos y el de los mahometanos es el Corán. Aquel fue básicamente escrito por un sacerdote en el medio del desierto (Jerusalén era mínimo) siguiendo la tradición. El cristiano es un libro escrito por los seguidores inmediatos del profeta/Dios con el que habían convivido, a no más de 200 años de su muerte. El Corán es un libro escrito (¿o dictado?) por el profeta mismo. Sin embargo, las divergencias hicieron que en el año 23 Utham ibn Affan fuera elegido para poner en orden a las frases del profeta, cuyo resultado es el Corán.

Corán significa recitación, es decir lo que decía Mahoma. Es descripto como una guía para el hombre para seguir el camino verdadero. Tiene 114 capítulos o *suras* que se refieren a teología, a la ley, asuntos comunitarios, conducta comercial, vida diaria, vida personal. Los *suras* no son una lectura común sino una recitación que hacen quienes saben recitar. Sus palabras imparten por sí mismas *baraka* (bendiciones), Ser un *hafiz*, preservador del Corán, es un debe santo, que es muy respetado. Colecciones de tradiciones *(hadith)* para comprender mejor el Corán y cómo debe vivirse hicieron que se organizara en códigos ligeramente diferentes, cuatro en total, llamados *shari'i*, que abarcan zonas geográficas diferentes cada uno.

III

Napoleón

III-I Córcega

Nació el 15 de agosto de 1769 en Ajaccio, Córcega. Era hijo del conde Buonaparte, título que el rey Luis le reconoció al padre y becó a sus hijos, ya que el conde era pobre.

Napoleón fue, desde pequeño, muy nacionalista. Córcega estaba ocupada por los franceses y había un movimiento guerrero comandado por Paoli, en el que estaba enrolado el niño Napoleón. En un primer momento consiguieron echar a los franceses pero llegaron tropas de refresco y Córcega volvió a ser colonia francesa. Recién la Revolución de 1789 la hizo provincia francesa, lo cual duramente sorpresivo para los independentistas ya que suponían que los libertarios dejarían libre a Córcega.

Las becas del rey le permitieron a Napoleón estudiar en la Academia de Autun, cinco años en la academia militar de Brienne y luego un año en la de Paris para salir de ella con el título de subteniente. Durante esos años se dedicó además a leer, especialmente a Voltaire, Plutarco y Rousseau y a simular, con miniaturas, la ubicación de cañones para la defensa o toma de distintas ubicaciones. Este fue un tiempo de sufrimiento que lo marcó, porque su pobreza que no le permitía vestir adecuadamente ni seguir el tren de vida de sus compañeros. Al mismo tiempo, seguía siendo un ferviente corso que esperaba alcanzar a liberar a su patria de los franceses a pesar de que él formaba parte del ejército francés. Ya en estos años escribió ensayos, empezando por "Cartas sobre Córcega". Cuando estaba estudiando en Paris murió su padre, en 1785. Aunque no era el hijo mayor tomó la dirección de la familia que había quedado en una muy estrecha situación económica.

En 1791, la Asamblea se inclinaba por renovar una monarquía pero constitucional. Él fue promovido a teniente y pidió uno de los tantos permisos que tomó en esos años para reunirse con Paoli quien había sido autorizado a volver a Córcega. Este lo rechazó porque su padre se había declarado monárquico; y esta decisión lo hizo sentir muy mal a Napoleón que decidió volver a Paris. En la Asamblea se hizo jacobino, el partido que propiciaba la monarquía constitucional. Después de sus discursos contra nobles y monjes, obtuvo un permiso de tres meses para volver a Córcega, donde fue nombrado teniente coronel, aunque enfrentado con Paoli, su jefe. En enero de 1792 fue declarado desertor por el ejército francés, en vista de que no volvía, pero Francia se enfrentó a Austria y Napoleón fue perdonado. Napoleón tomó el partido de los jacobinos corsos, enfrentado con Paoli y éste, al declarar la guerra civil en la isla, expulsó a toda la familia Buonaparte. La familia no modificó su nombre italiano hasta 1796, eliminando la u y haciéndose francés.

Todos estos años, son muy difíciles. Por los cambios permanentes. En meses, semanas, o días, un régimen era cambiado por otro. Quien estaba en el poder era expulsado o lo retomaba. Los jacobinos que fueron de derecha, fueron luego de izquierda y por fin casi extremistas. Robespierre crea un régimen del terror y en pocos meses es muerto. Se crean Asambleas diferentes, una tras otra. Son tiempos revueltos que no se comienzan a calmar hasta el nombramiento de Napoleón como Cónsul.

En 1793, Napoleón escribía argumentando fuertemente por la reunión de los revolucionarios alrededor de los jacobinos. Por ese entonces habían tomado Marsella de manos de los monárquicos y se enfrentaban a Toulon, que contaba con ayuda de los ingleses debido a que los partidarios del rey habían llamado en su ayuda. El jefe de los atacantes fue herido y Saliceti, a cargo de los militares en el gobierno en la convención Nacional, lo nombró a Napoleón, ascendiéndolo a mayor en Septiembre y a teniente general en octubre. La ubicación de la artillería, esos ejercicios con los que estudiaba solo en las escuelas militares, hicieron que los ingleses fueran arrasados y se rindieran, aunque el día anterior, Napoleón fuera herido por bayoneta. La toma de Toulon le supuso el ascenso a brigadier general y en febrero de 1794 fue designado jefe de la artillería del ejército francés en Italia. Cinco meses después, con la caída de Robespierre, jefe del gobierno que lo había nombrado, fue acusado de traición y llevado a la cárcel. Es decir que en pocos meses había pasado de ser subteniente a ser jefe de la artillería del ejército con el grado de brigadier general y luego encarcelado. Eran tiempos realmente muy agitados.

Rehabilitado pero sin comando, hubo que llegar a 1795 para que en mayo se hiciera un referéndum establecido por la Convención Nacional para aprobar la nueva constitución. Los monárquicos esperaban ganar y volver a tener un rey, e instigaron desórdenes para lograrlo. La Convención dio plenos poderes al Vizconde de Barras y como él no tenía tiempo para comandar el ejército designó a Napoleón por sus antecedentes en Toulon. En octubre, los monárquicos se organizaron para tomar la Convención. Los convencionales tuvieron miedo. No sabían a quién nombrar. Por fin lo eligieron a Napoleón. Este aceptó bajo la condición de que nadie interfiriera en su comando, salvo Barrás que sería su nexo con la Convención. Él armó a todos los convencionales, aunque algunos estaban muertos de miedo y Murat, teniente en ese entonces, consiguió cañones. Napoleón dijo que ellos habían disparado primero pero no es probable que haya sido así. De todas maneras, los arrasó con sus cañones. Así fue promovido a Jefe del ejército interior. Fue nombrado jefe del ejército interior con el grado de general. Lo primero que hace es prohibir la portación de armas. La otra es la orden es la de no torturar. Quien es torturado, dice, acepta lo que quieran que diga y más, lo que no significa que sea verdadero. La verdad hay que encontrarla por otros caminos.

Por esa época le invadió el deseo de tener un hogar. Un muchacho de doce años pidió verlo y le solicitó que le devolviera la espada de su padre que había muerto luchando. La madre viene luego a darle las gracias. En marzo de 1796 se casó con Josefina de Beauharnais, viuda de quien fuera guillotinado por Robespierre, una atractiva criolla, madre de dos hijos, conocida también por sus varios amantes. Josefina era coqueta pero sabía vivir en medio de la alta sociedad y sabía conquistar hombres, cosa que hacía con relativa continuidad. Napoleón se enamoró de ella y aun después de que tuviera que divorciarse siguió amándola, tratándola con enorme gentileza en medio de más de una pelea. Si hubiera que definir cuál fue la mujer de Napoleón, esta fue Josefina, aunque ella tuviera en especial en algunos periodos de ausencia de él, un amante tras otro. El casamiento es endeble: ella no tiene acta de nacimiento ya que no se la encuentra y falsifica su edad en cinco años menos y él la falsifica en un año más. Algún día tendrán que volver a casarse con los documentos en orden.

Dos días después del casamiento, Napoleón, designado para comandar el ejército de Italia, partió a Niza. Josefina era una bella mujer y además, podemos suponer que era una buena amante. Napoleón estaba muy enardecido por ella. Y sin embargo, designado para comandar un ejército, la deja en París. Este es un indicio muy importante en Napoleón, a quien aun enamorado, pospone su sentimiento por su ambición. Napoleón había sufrido privaciones y humillaciones en las Academias y en su tierra natal. Su impulso y su genio buscaban compensar ese daño que había sufrido y demostrar al mundo su valor.

Cuando llegó a Niza se encontró con un ejército menor de lo que le habían dicho (30000 y no 43000 hombres), mal provisto, mal pago, mal alimentado. Y con ese grupo comenzó su campaña de Italia. Es interesante recordar las palabras que les dirigió al comenzar la lucha: "Ustedes están mal alimentados, mal pertrechados, frente a ustedes tienen no solo el honor y la gloria sino ciudades que pueden proveer a que estén sanos y bien alimentados." El honor y la gloria están siempre presentes, pero el centro de su motivación a los soldados es que enfrente tienen el alimento que necesitan. Apela a sus intereses personales más que a la grandeza para lograr que luchen con fuerza y así venzan. El resto del año se dedicó a conquista el norte de Italia, a crear la República Cisalpina y derrotar cuatro veces los refuerzos austriacos para ayudar a Mantua y finalmente tomarla. Era incansable. Su energía le permitía trabajar todo el día y seguir adelante como si no hubiera hecho nada. Sin embargo frente a Roma se detiene. No va a tomarla ni a destronar ni menos matar al Papa. El catolicismo no se mata por la fuerza dice. Es muy potente y sobrevive a cualquier exceso. Y se vuelve al norte.

En esos días en Milán escribe algo que retrata otro aspecto de este hombre multifacético: "Las ciencias que impulsan el espíritu humano, las artes que embellecen la vida y transmiten las grandes acciones a la posteridad, deben ser honradas por todo el mundo, especialmente en los gobiernos libres. Todos los hombre de genio todos aquellos que han conseguido una posición en la República de las Letras son hermanos, cualquiera sea el país que los ha visto nacer."

Al año siguiente, los monárquicos ganaron unas elecciones, y esto le hizo a Bonaparte asesorar al Directorio a oponerse a oponerse a la monarquía aunque fuere necesario por la fuerza. Mandó al Gral. Augereu a Paris, quien eliminó a los cabecillas monárquicos, aumentando el prestigio de Bonaparte.

Aunque la guerra se había terminado en el territorio francés, quedaba el peligro marítimo de Inglaterra. Le encargaron a Bonaparte la cuestión y este, luego de estudiar el problema, contestó que no se podía hacer nada mientras Francia no dominara el mar. En cambio propuso invadir Egipto para cortar las comunicaciones de los ingleses con la India. Después que Talleyrand, a cargo de los asuntos exteriores, aprobó el proyecto, estuvieron todos de acuerdo en que Napoleón se alejara de Paris.

La campaña comenzó con la victoria que le permitió tomar Malta y a continuación Alejandría y el delta del Nilo. Sin embargo, Nelson arrasó a la flota francesa y Napoleón quedó aislado en la tierra que había conquistado. Se dedicó entonces a organizar el territorio administrativamente. Para prevenir un posible ataque turco, Napoleón avanzó sobre Siria hasta Acre donde los británicos vencieron y Napoleón debió retirarse a Egipto en mala situación. Esta derrota bastó para convencer a los enemigos de Francia de que Napoleón no era imbatible y se aliaron Inglaterra, Turquía, Rusia y Austria en 1799.

Distingue, entre los mamelucos que dirige a un georgiano alto y fuerte de ojos azules y confía en él. Lo hará dormir a la puerta de su dormitorio y durante quince años Rustam dormirá allí cuidando a su amo, en lo que debería considerar su cuarta esclavitud pero, en medio de una gran fidelidad, que Napoleón supo advertirla desde el primer encuentro.

La situación en Francia era poco clara y el directorio había sido eliminado por Sieyes. Napoleón fue rápidamente a Paris, y el 18 Brumario (noviembre) habló a la Asamblea de los quinientos pero le fue mal. Luciano, su hermano lo detuvo y lo obligó a callar. Con su gente, Luciano fue sacando del recinto a los Quinientos a punta de bayoneta pero sin herir a nadie. Luego fue al Consejo de Ancianos y exageró la situación. El Consejo de Ancianos nombró tres cónsules (él, Sieyes y Talleyrand). Así, gracias a Luciano se formó el Consulado que Napoleón dominó. Era noviembre de 1799, (18 Brumario para los revolucionarios) con Sienes y Duclos, aunque quien mandaba era él. Poco después la constitución del año VIII estableció la institución del Primer Cónsul. Napoleón rechazó el puesto de proclamador y entonces Sieyes creó el puesto de Primer Cónsul que Napoleón aceptó en diciembre de 1799. Sieyes, Fouché y Talleyrand fueron la inteligencia en este período luego de la caída de Robespierre.

III-II El ascenso en la política

Napoleón le daba a la gente la confianza de ser un vencedor que había conquistado territorio para Francia y había traído la paz. Al mismo tiempo la Constitución, que en su momento redactó Sieyes, no garantizaba ya la libertad ni los derechos del hombre. Las necesidades eran otras y la sensación era que se necesitaba alguien que le diera continuidad al orden.

Cuando tomó el Consulado en 1799 Napoleón era un hombre flaco, de baja altura, de treinta años. No era impresionante de ninguna manera pero su manera de ser era enérgica y eso llegaba a quienes lo trataban.

De hecho, Napoleón se convirtió en el hombre que decidía en el Estado francés. Creó el Banco de Francia, creó un cuerpo de recaudadores de impuestos, estableció el sistema educativo y la obligatoriedad de hacer el secundario, dividió el país en departamentos y al frente de cada uno nombró un prefecto que tenía el poder de mantener la ley, cambió el sistema judicial y los jueces, designados por el gobierno eran inamovibles lo que les daba criterio independiente. Napoleón creía, siguiéndolo a Voltaire, que el pueblo necesita una religión. No pudo entenderse con Pío VI pero su sucesor Pío VII fue más negociador y así llegaron a firmar un concordato, que removía a todos los obispos para nombrar otros, designados por Napoleón pero instituidos por el Papa. El Estado francés era laico y admitía la libertad de cultos y reconocía la propiedad eclesiástica.

En el campo civil desarrolló la codificación que se había iniciado en el primer consulado y llegó a la Constitución de 1804, Código Napoleón, que fue posteriormente la base para una cantidad de constituciones en otros países. El ejército lo renovó, creando la Escuela de Saint-Cyr donde se formaron los futuros oficiales   que podían provenir de distintos niveles sociales. Militarizó la Escuela Politécnica creada por la Convención Nacional y estableció la conscripción obligatoria aunque se podía substituir por otro, lo cual permitía la mezcla de   jóvenes con soldados experimentados. No se preocupó por las nuevas invenciones, entrenando a sus soldados a moverse rápidamente ya que esa era su estrategia básica.

En una noche que va a la ópera, un carromato parado explota poco después que él pasara. Murat empieza a conspirar contra el cónsul junto a Luciano, el mismo que   lo salvara el 18 Brumario y con Bernadotte. En la Malmaison juega con los niños y Josefina como si fuera un niño más.

En 1801 comenzó tratativas con   Inglaterra para firmar un armisticio y finalmente se firmó en 1802 en Amiens. Ninguna de las partes tenía en mente cumplirlo, pero iniciaba una nueva forma de relación entre los dos países.

La sensación de paz aumentaba en el país, Napoleón iba personalmente a las factorías a estimular a la gente y a los empleadores para que trabajaran e invirtieran. Talleyrand, de acuerdo con Napoleón vendió la Louisiana a los Estados Unidos en quince millones de dólares, dinero que necesitarían para las campañas que inevitablemente se producirían.

De hecho Francia se expandió hasta el Piamonte y estableció formas democráticas de gobierno en Suiza y en Alemania. Inglaterra se sentía preocupada y   se negó a devolverle Malta a los Hospitalarios como se acordaba en el Tratado de Amiens. Esto significó que en 1803 Inglaterra declarara la guerra.

El problema como siempre era cruzar el canal. Napoleón armó una escuadra de dos mil barcos pero el Almirante Villeneuve no creyó posible vencer a Nelson y se refugió en Cádiz. Impulsado por Napoleón, consiguió la ayuda española y salió a encontrarse con Nelson quien perdió la vida pero venció la batalla de Trafalgar.

III-III Emperador

En 1804 se descubrió un complot para matar a Napoleón. El Duque de Enghien parecía ser su jefe. Napoleón lo raptó de Alemania donde vivía y después de juzgarlo en Francia lo ejecutó. El plan era de Fouché, el jefe de policía, y con esto ganó prestigio. Fue él quien le razonó a Napoleón que el Consulado era una institución muy lábil. Que se necesitaba un sistema hereditario para que matarlo a él no supusiera tomar el poder. Así fue como el 28 de mayo de 1804 se fundó el Imperio. El 2 de diciembre se llevó a cabo la coronación solemne, luego que en una ceremonia furtiva se casara con Josefina quien sino no podría ser emperatriz. (Recordemos que su casamiento original fue muy defectuoso). El Papa fue a Paris y en el momento de la coronación Napoleón le sacó la corona de las manos y se la puso él mismo.

Un año después se formaba una nueva coalición formada por Austria, Rusia, Nápoles y Suecia. Pero Napoleón consiguió una notable victoria en Ulm sobre los austriacos entrando en Viena y en diciembre de 1805 consiguió su mayor victoria, al vencer a rusos y austriacos en Austerlitz. En esta situación los austriacos cedieron muchos territorios.

Napoleón había continuado con su forma de vida, austera y sola en ocasiones solemne, pero nunca dispendioso. En cambio Josefina gastaba en cantidades. Tenía decenas de zapatos y de vestidos y nunca le eran suficientes.

Pero la situación de Napoleón era de constante guerra. En 1806 venció a los prusianos que se habían sublevado, en Jena, en 1807 a los rusos en Frieland. El problema con Inglaterra se mantenía. Como no había forma de solucionarlo, optó por el bloqueo. Comenzó por los puertos sobre el Atlántico y siguió con los de Rusia. Como España y Portugal no cedían a su pedido, envió a Junot, pero los portugueses se fueron a Brasil. De todas maneras Portugal estaba bajo el dominio de Napoleón.

Napoleón dio a sus hermanos y familiares los tronos de todos los países que conquistaba. En esto cometió un error que advirtió hacia el final de su reinado: los romanos designaban gobernadores, pero no reyes. Un gobernador, o un prefecto puede ser cambiado sin problemas: un rey no. El necesitó dar coronas porque venía de la pobreza. Los romanos no necesitaban hacerlo y tuvieron mucha más flexibilidad para moverse.

Complicada la relación con Prusia los enfrenta en Jena y los vence para su propia sorpresa ya que él era admirador de Federico el Grande. Pero es otra época. Ese mismo día Davout vence en Auerstadt.

En medio de esta constante batallar se enamoró en Polonia de la condesa María Walewska con la que tuvo un hijo. Ella era patriota polaca y esperaba convencer al Emperador de liberar a Polonia.

El Emperador Alejandro I, cansado de su alianza con los británicos, resolvió llegar a una paz con Francia. Crearon el Gran Ducado de Varsovia, según lo incitara Walewska a Bonaparte y establecieron una frontera con el Imperio ruso: los rusos al este y el Imperio francés al oeste. Esto se firmó en Tilsitt en 1807.

Napoleón pidió permiso a España para cruzar con sus tropas para tomar Portugal. España se lo dio pero las tropas no se iban del norte de la Península lo que trajo revueltas. Carlos IV de España entonces renunció en su hijo Fernando VII y aconsejado por Talleyrand, Napoleón los llevó a padre e hijo al chateau de Talleyrand. Nombró rey de España a su hermano José "Pepe Botella" para los españoles por su afición a la bebida, cambiando en Nápoles a José por Murat.

Napoleón llegaba así a tener el continente bajo su mandato, con familiares en los distintos tronos. El bloqueo daba resultado y varias fábricas debieron cerrar en Inglaterra. Pero era una espada de doble filo ya que los franceses se quejaban por la falta de azúcar, cacao y especias y Napoleón tenía que hacer traer capotes y calzado para sus soldados.

Napoleón se preocupaba en ocasiones por la enfermedad familiar, el cáncer, que ese había llevado a su abuelo, a su padre, a su tío, y se llevaría a Luciano, a Carolina y a él mismo. Se reúne con Alejandro en Erfurt, pero la relación ya no es la de Tilsitt. Ambos desconfían y entre ellos Talleyrand se ocupa de colocare del lado del Zar y de mostrarle las ventajas de que le cuente lo que necesite. La traición de Talleyrand no es advertida por Napoleón. El tratado que redacta, Alejandro se lo hace ver al ministro quien lo rechaza. Todo es secreto, pero al final no hay acuerdo.

A fines de 1809, en su camino hacia Viena vence en Wagram, y ese mismo día detienen al Papa. Semejante estupidez lo enoja. Se detiene a un cardenal, dice, pero nunca al Papa. Un Papa desterrado hace más daño que cuanto quiera hacer él estando en su trono.

Entra en Viena y llega a la conclusión insatisfactoria que no puede seguir con Josefina que no le da un heredero. Debe elegir una esposa imperial y esta será de las casas de Rusia, Austria o Sajonia. Así es como en 1810 repudia a Josefina Beauharnais y se casa con María Luisa la hija de Francisco I de Austria. A los meses habituales nace el Príncipe de Roma con lo quedaba inclusive solucionada la sucesión. En esos meses Napoleón pudo contemplar en paz los cambios que había hecho en Francia, en las instituciones de otros países, todo lo cual le daba un lugar muy especial en la Historia ya que no era un simple conquistador, sino un reformador institucional en lo político, en lo jurídico, en lo educativo, en lo judicial.

III-IV El gran error

Inducido por los éxitos que había obtenido desde sus miserables días en las academias, Napoleón no supo detenerse. Estaba en posición   de gobernar en paz ya que su enemigo permanente, Gran Bretaña se había quedado solo. Pero su carácter no le permitía hacerlo y necesitaba más reconocimientos y éxitos.

Invitó a Alejandro de Rusia a una gran reunión donde estaban los príncipes de Europa, pero Alejandro no pareció impresionarse. Él no necesitaba esas exhibiciones para sentirse completado. Talleyrand, además, estaba tratando con él sin que Napoleón lo supiera. En tanto Napoleón confía en Fouché quien trata con Talleyrand que le da la información a Alejandro a cambio de cuantiosas sumas. Napoleón quiere invadir, aunque mas no sea, dice, hasta el Niemen, pero para esto tiene que ser más duro internamente ya que la gente no está muy entusiasmada con tanta guerra y Napoleón tiene que ser más dictatorial.

Así, apenas unos meses después de la reunión en Polonia, en 1812 Napoleón reúne un ejército de 430.000 hombres, muy impresionante para los rusos. El ejército ruso está en Lituania pero no lo enfrenta, toma Polonia y continúa. Cuando empezó a avanzar no se esperaba lo que después le ocurrió a Hitler quien no supo aprender del desastre de Napoleón: los rusos destruían todo, en una política de tierra arrasada y su ejército no encontraba ni siquiera donde cobijarse. En setiembre se enfrentó con los rusos en Bodorino, una batalla de resultado indeciso, pero muy sangrienta. Una semana después Napoleón entraba en Moscú, una ciudad destruida, arrasada en más de la mitad de su espacio, quemada en el resto. Napoleón tenía para entonces 100.000 hombres en verdadera situación de poder pelear. Alejandro sorpresivamente se negó a negociar ya que su situación era también muy difícil. Cuando tomó Moscú, los rusos incendiaron la ciudad. El Kremlin no se dañó mucho, pero desde los cuatro costados había que apagar el fuego. En este momento empezaron las deserciones, de prusianos, de austriacos, de españoles que empezaban a vencerlo en la península al igual que los italianos en la suya.

En su camino hacia Smolenko donde pensaba pasar el invierno lo atacan los cosacos y está a punto de ser aprehendido. Entonces se hace preparar un veneno que llevara colgado al cuello por si cae prisionero. El frío mientras tanto hace mucho daño. A Smolemsko llegan 50.000 hombres. Se cree que regresaron solamente diez mil. Y en España, Italia, Austria se producen deserciones.

Austria le propuso un armisticio y logró una reunión en Praga en mayo de 1813. Las condiciones que proponía Austria eran generosas y la situación de Francia no cambiaba sustancialmente tomada desde sus orígenes. Pero Napoleón dudó y los austriacos se cansaron de esperar y se retiraron.

1813 y 1814 son dos años de batallas. A pesar de que en Maguncia apenas conseguía 180.000 hombres y no los 300.000 que él pidiera, pelea. En octubre de ese año Napoleón era batido duramente en Leipzig. La defección de Murat a quien él había hecho rey de Nápoles, fue una demostración amarga de su situación. Ya en octubre de 1812 se hizo correr el rumor de su muerte con intención de dar un golpe de Estado. La gente común que había vivido la libertad primero y la gloria después con entusiasmo estaba cansada física, económica y espiritualmente de este permanente estado de guerra. En 1814 pelea en Brienne, La Rothiere,Champaubert, Montereau, Bar sur aube, Laon y Arcis sur l'aube. En 1814 rechaza los términos del Tratado que le propone el ministro austriaco Metternich que respetaba la Francia inicial. Las potencias entonces firmaron un acuerdo por veinte años hasta deponer a Napoleón. Y su ejército avanzó sobre Paris. Napoleón salió con el suyo para atacarlos por la retaguardia, pero Talleyrand se adelantó y firmó un acuerdo de paz. Colocándose él al frente del Estado para negociar con Luis XVIII su ascenso al trono de Francia.

Napoleón se enteró de todo esto no bien llegar a Fontainbleu y entonces resolvió abdicar. Le dieron la administración de la isla de Elba con un amplio presupuesto anual y Napoleón aceptó. Viéndolo moverse durante veinte años, no parecería razonable pensar que realmente estaba aceptando el final de su carrera sino que tomaba ese tiempo como un paréntesis imposible de evitar.

III-V La isla de Elba

Según lo acordado, las potencias en Fontainbleu, establecieron que la isla de Elba pasaba a ser un Principado soberano, que

Napoleón mantenía su título de Emperador, que Francia le pagaría 2dos millones de francos por año y que tendría 400 guardianes en el lugar. Era un acuerdo muy amable. En un territorio de 225 km².2, una isla sobre el Mediterráneo cerca de Italia, Napoleón podía dedicar su vida a entretenerse.

Yo voy a vivir a partir de ahora en la justicia de la paz, dijo. Pero Bonaparte tenía 45 años. Era muy joven para poder cumplir con esa frase. Por otra parte las circunstancias no lo ayudaban. Si bien era cierto que Luis XVIII no actuaba con la flexibilidad necesaria y mantenía las formas de los Borbones (creía que nunca había dejado de ser Rey y en la Carta que concedió dijo que era en Paris en el año de gracia de 1814 decimonono de nuestro reinado, es decir como si nunca los Borbones hubieran sido depuestos); el Congreso no le permitía viajar a María Luisa y a su hijo: su mujer tenía un amante con el que se sentía muy cómoda. Este escenario se completaba con que Francia no le enviaba el dinero estipulado, lo que podía llevarlo a la miseria.

El descontento con las guerras que él había impuesto se había convertido en el deseo de volver a tener el orden interno y las decisiones francesas que los asesores de Luis no seguían. Así es como el 1 de marzo de 1815 se fue de la isla, llegó a Cannes. El 20 de marzo ya estaba en Paris y era llevado a tomar el poder, no como emperador sino como el antiguo jacobino que enfrentara a los Borbones.

Ya había formado un ejército con los antiguos soldados que se acercaron a él y en junio vencía a los prusianos en Ligny. Contaba con un ejército de 500.000 hombres pero era la mitad del de sus enemigos. En esas semanas había democratizado el poder, abriendo los cargos a elecciones, la libertad de prensa, la responsabilidad de los ministros frente al Parlamento, la libertad de cultos.

El 18 de junio de 1815 se enfrentaba a Wellington y von Blucher en Waterloo. La batalla fue cruenta y el final indeciso, Napoleón estuvo brillante pero sus segundos no actuaban con la precisión de otras épocas. La batalla fue indecisa hasta que el centro francés fue arrasado por 1.000 hombres que estaban tirados entre el pasto esperándolos. Cuando se levantaron, sorprendiendo así a la Guardia de Napoleón, esta fue aplastada por la metralla inesperada.

III-VI La isla de Santa Elena

Napoleón se retiró con uno de los cuadros que se habían formado para defenderse de la caballería y trató de tomar en la costa belga un barco para Estaos Unidos, pero un escuadrón ingles se lo impidió. La insistencia británica hizo que el 15 de octubre de 1815 Napoleón desembarcara en Santa Elena, una tierra de 122 km^2, a 3500 km. de Brasil y a 1800 de África, aproximadamente a la altura de la actual Angola.

Vivían con él el Gral. Betrn, gran mariscal de palacio y su esposa, el conde Montholon, ayudante de campo y su esposa, el Gral. Gourgaud y Emmanuel Las Cases,

Chamberlain de palacio. A ellos servían una cantidad de personas. Las Cases tuvo varios enfrentamientos con el gobernador de la isla quien lo consideraba el confidente de Napoleón y terminó por arrestarlo y echarlo de la isla. Lowe, el gobernador, estuvo en Córcega al frente de un grupo mayormente enemigos de los Bonaparte. Napoleón pasaba su tiempo leyendo libros, estudiando inglés, leyendo periódicos.

En 1817 se enfermó. Seguramente una ulcera o cáncer de estómago. También se cree ahora que pudo haber sido un envenenamiento con arsénico. Su médico, el irlandés O'Meara pidió un cambio de condiciones en el enfermo y se lo negaron hasta el punto en que fue echado. El siguiente, Stokoe, tuvo la misma opinión que el anterior y también fue echado por su insistencia. Entonces los británicos trajeron a un corso, Antommarchi, quien le hizo un tratamiento placebo. La salud de Napoleón empeoró hasta morir el 5 de mayo de 1821 en una aceleración de la misma que lo llevó a la tumba a los 52 años, originalmente en Santa Elena, hoy en Paris. Un análisis hecho de uno de sus pelos en el Siglo XX mostró que tenía una dosis excesiva de cianuro en su cuerpo., lo cual ha hecho suponer que fue envenenado.

III-VII Napoleón

Como dije antes, Toynbee lo consideraba a Napoleón como uno de los tres más grandes gobernantes de la Historia. Conquistar no es fácil, pero estructurar un país desde la base y llevar esa revolución a otros países es mucho más difícil. Su código y su Constitución han sido copiados y siguen inspirando a los juristas y las relaciones con la Iglesia tomaron una nueva figura con él.,

No bien murió una gran cantidad de escritos hechos circular por quienes estuvieron cerca de él en la isla inundaron Europa. En 1833 su estatua fue erigida en la Place Vendome y en 1840 su cuerpo fue traído de nuevo a Francia y en Paris se hicieron solemnes funerales reales.

En 1848 su nieto ganaba las elecciones y tres años después dando un golpe de Estado se declaraba Emperador, Napoleón III.

Los ingleses trataron de ensombrecer a través de libros como el de Taine la figura de Napoleón, de negar su intervención, sistemática contra él y, como siempre, de aparecer como lo que se podría denominar hoy popularmente como los buenos de la película. (Esta es una antigua manía sajona que sigue luego con Estados Unidos) Hoy, las investigaciones sobre el envenenamiento de Napoleón se emparentan con los consejos de los dos médicos que ellos mismo habían traído quienes insistían en cambiar las condiciones del enfermo y que fueron expulsados.

Amó a Josefina toda su vida, porque sin duda debió ser una mujer excepcional. Perdió la lucha porque no tuvo una Armada suficiente para vencer a Nelson y los británicos lo persiguieron sistemáticamente para que no ensombreciera el Imperio Inglés. Instauró, en última instancia, un sistema equilibrado y organizado de poderes que ha sido imitado durante las décadas siguientes por muchos países, como realidad o como ideal a conseguir.

IV

Tutmosis III

IV-I Breve resumen de Tutmosis III

Tutmosis III nació seguramente en el año 1510. Recordemos que de estas épocas no solemos tener fechas precisas y murió en 1450, se dice que a los 57 años. Su nombre tut.moses significa (moisés) enviado de y (thot) dios de la escritura, intérprete, asesor de los dioses. Llegó a ser Faraón porque su padre no tuvo hijos varones con Hatshepsut, su esposa y en esta XVIII Dinastía regía como fue muy habitual, el principio de que tenía que heredar un varón aunque fuera por matrilínea. Él era hijo de Tutmosis II y de una esposa secundaria llamada Isis. Cuando murió su padre él tenía seguramente cuatro años. Su tía y madrastra, Hatshepsut, tomó el poder como regente. Apoyada en el clero gobernó durante 21 años y 9 meses. Los dos primeros los hizo como Regente y luego se hizo reconocer Reina, fue co-regente con su hijastro y así llegó a coronarse y vestir como Faraón a partir del segundo año. Esta fecha no es firme, ya que tomando el oráculo cuanto su fecha, hay egiptólogos que llevan este cambio hasta el año siete del reinado conjunto, aunque también se toman como posibilidad los años 3 y 4. Los personajes de esa época la describen como una mujer hábil y prudente en sus decisiones. Cuando tomó el poder tenía 28 años.

Tutmosis reinó durante 34 años en soledad. En realidad es el tercer Faraón en permanecer tanto tiempo en el trono, después de Pepi II y de Ramsés II. A lo largo de ese tiempo llevó a cabo diecisiete expediciones y alcanzó a tomar el Sudán por el sur y hasta el Éufrates por el nordeste. Su mayor enemigo, como fue y sería para los faraones de mucho tiempo, fueron los mitanos que estaban en las áreas alrededor de o en los territorios actuales de Siria y Turquía. Tutmosis le dio a Egipto la mayor extensión que había tenido o tendría. Pero este no fue el elemento único por el cual Toynbee lo considera uno de los grandes gobernantes de la Historia. Muchos otros conquistaron territorios mayores, como Gengis Kan. La diferencia entre un conquistador y un reformador es que uno es independiente del otro. Aquel toma territorio pero no lo modifica de una manera substancial, sino solamente a los efectos de mantener el territorio; el reformador puede no conquistar un metro, pero establece nuevas formas, instituciones que perduran en el tiempo, dando un orden y una estructura de justicia y equilibrio. No es fácil encontrar ambos en una persona y los tres que menciona Toynbee lo hicieron. Para mi gusto personal también Carlomagno lo hizo, pero las leyes sajonas lo llevaron a deshacer lo que había construido y la división del reino supuso la división de sus adelantos y al mismo tiempo evidentes retrasos en algunos de ello, además de las guerras que suscitaron, con lo cual la justicia y el equilibrio se deshicieron. Él no llegó hasta el punto de cambiar la ley que hacía desmantelar no solamente su Imperio sino que llevaba a fraccionar las estructuras que él había construido en su Imperio.

Tutmosis organizó el Estado, y creó belleza al tiempo que construía templos.

IV-II Tutmosis III y Hatshepsut

Las relaciones de Hatshepsut con su marido Tutmosis II parece que fueron lo suficientemente fluidas como para que se aceptara la corregencia, sin levantamientos o protestas. Como dije la mujer aparece como alguien de carácter templado aunque debió ser asimismo fuerte. Pero hay que agregar a esto un primer elemento definitorio. Cuando tomaron el poder, ella tenía 28 años y él 4. Esta diferencia era muy amplia, él era un niño, pero si miramos más adelante, cuando él ya comandaba expediciones con sus 16 años, ella tenía 40. Así, mientras Hatshepsut tenía una visión amplia del poder y sus consecuencias, Tutmosis era apenas un joven dedicado a algunas actividades específicas. No chocaban y no buscaron chocar.

La sucesión estaba asegurada en la hija de Hatshepsut, Neferare, Pero Neferare murió prematuramente y dejó su espacio sin ocupar. Sin embargo, y siguiendo la línea de Hatshepsut, ascendió al trono, después de Tutmosis III el hijo que alcanzó a concebir Neferare, Amenhotep II.

IV-III El nuevo ejército

Tutmosis centraliza el ejército bajo las órdenes del visir, ya que no existe el ministro de defensa moderno. Establece dos cuerpos de ejército, uno en Menfis y el otro en Tebas bajo los nombres de Ptah y Amon. Cada ejército tenía todos los elementos necesarios y todas las distintas fuerzas o sea que eran independientes de acción.

Cada ejército se dividía en compañías y batallones. Cada uno tenía estandartes con insignias lo cual facilitaba los movimientos y las órdenes en el campo de batalla. Cada soldado raso u oficial tenían un salario. Además, cuando se distinguían en campaña podían obtener un premio en oro, bienes o sirvientes del botín y pequeñas parcelas de tierra reales entregadas en usufructo.

Existían también unidades navales que, partiendo de los

puertos del Mediterráneo transportaban tropas y bienes. Recién con Ramsés III estos barcos se usaron en combate.

Los soldados iban armados con hachas con hoja de bronce y un mango curvo que podía ser tirado a distancia. Además de esas temibles hachas tenían espadas cortas y puñales de bronce de 40 cm. de longitud y de 20 o 30 cm. los puñales.

IV-IV Las campañas

La corregencia terminó en el año 20, cuando Tutmosis tenía aproximadamente 25 años. En el Gran Templo de Amón en Karnak hay una pared de 13 metros de largo por 8 de altura, que escribe los Anales de Tutmosis III donde las expediciones de Tutmosis III tienen espacio particular. Además, sabemos mucho de él por su escriba Thanuny que era también su comandante y que se ocupó de escribir los sucesos de las expediciones del Faraón. Hay que distinguir entre las diecisiete campañas que llevó a cabo Tutmosis III, distintos objetivos y distintas envergaduras entre las mismas. Estas campañas se pueden dividir en:

> Las que implican un enfrentamiento en gran escala y suponen una expansión territorial;
> Las que tienen por finalidad sofocar revueltas de pueblos ya conquistados y que implican el empleo de una fuerza limitada;
> Las que tienen por objetivo inspeccionar el territorio y recaudar tributos, las que implican poca cantidad de fuerzas militares.

Con apenas Tutmosis 16 años ya comandó una expedición al Sinaí donde había que intervenir sobre un grupo díscolo y llevó a cabo otra campaña en el Sinaí cuando tenía 19 años. A los 23, llevó sus tropas hasta Nubia conquistando más territorio

Cuando Tutmosis III tomó el poder completo por la muerte de Hatshepsut, cuatro pueblos que estaban bajo el poder de Egipto se reunieron. Kadesh, Canaán, Megido y Mitania se aliaron para atacarlo. El terreno donde se planteó la contienda era un monte ovalado donde Tutmosis estaba en una de los largos costados y Megiddo estaba en el otro. Lo natural era rodear la montaña y atacar a Megiddo por uno de ambos lados. Esto le dijeron sus generales y así lo esperaban las gentes de Megiddo. En el medio había un pequeño desfiladero, el paso de Aruna de tan poco ancho que en algunas partes había que desarmar los carros de combate. Tutmosis eligió una estrategia impensada y peligrosa, a través del desfiladero donde podía sufrir emboscadas. Pero allí los carros enemigos no podían maniobrar. Cuando apareció por entre la montaña la sorpresa fue tan grande que no tuvo resistencia. Así logró aplastar la coalición y arrasó la ciudad de Megido hasta sus bases. Esto le dio fama de valiente y estratega y en las otras dieciséis expediciones, los enemigos fueron más prudentes o temerosos. Por otra parte en la información sobre la batalla de Megiddo no hay ninguna referencia a ejecuciones, sino que Tutmosis les tomó juramento a los soberanos de los principados y les permitió volver a sus territorios a gobernar. Sin embargo Tutmosis se quedaba con los hijo de estos soberanos a quienes instruía en Egipto, al estilo del Imperio y confraternizando con príncipes de otros países y egipcios, con lo cual hacían relaciones todos ellos desde la adolescencia o antes.

Terminada la toma de Megiddo y sus alrededores, Tutmosis siguió hacia el norte y tomó la ciudad de Yeoman. En el río Leontes o Litanes quedó establecida la frontera septentrional de Egipto a la altura de Tiro.

Otra victoria notable fue la que logró contra los mitanos, a quienes no había olvidado por su rebelión cuando él iniciara su reinado. La cuestión era que estaba el Éufrates de por medio y no había forma de llegar sin barcos. Tutmosis fue con el ejército por tierra al tiempo que mandaba en carros tirados por bueyes los barcos necesarios para que ese ejército pudiera llegar a Mitania. Eran 600 kilómetros por el desierto. Ya el cruce de esta distancia para un ejército era una tarea difícil, pero era impensable asimismo que ese espacio pudiera ser parte de la expedición con barcos sobre carros tirados por bueyes. La sorpresa de los mitanios fue tal, que apenas acertaron a oponer resistencia, presentando una guerra de guerrillas o lances aislados. Tutmosis tomó el territorio desde Carchemish hasta Niy y los batió duramente. El resumen de la campaña que hace Redford es, batalla de Alepo, erección de la estela, cruce del Éufrates, huida del rey mitanio, combate fluvial, saqueo de las ciudades ribereñas, captura de prisioneros en Naharina, toma de una ciudad desconocida, cacería de elefantes y batalla de Qanta.

Junto a los monumentos más destacables, el templo de Deir el-Bahari y la Capilla Roja de Karnak, su campaña más importante fue seguramente la del país del Punt. El país del Punt que conquistó, abarcaba las actuales Yemen, Etiopía, Eritrea, Somalía y Djibuti.

Además de estas dos victorias excepcionales, Tutmosis tomó las ciudades fenicias de la costa que habilitaban el comercio egipcio, venció a los sudaneses y el Éufrates fue su frontera por el este. En el año 30 de su reinado tomó Qudesh, primera vez que el ejército Egipto alcanzo el objetivo por mar. Sobre la costa conquistó Simira y reprimió una revuelta que se había producido en Arvad. Durante el jubileo primero, a los 30 años de reinado, la tregua fue aprovechada por el príncipe de Tunip para reforzar sus posiciones. Tutmosis esperó a que terminara la tregua y atacó Ullaza, la que fue tomada rápidamente y saqueada. En todos los casos se llevaba a los hijos de los gobernantes y mandó edificar una residencia en Tebas donde vivían todos ellos, extranjeros y egipcios y estudiaban según las normas y los contenidos egipcios.

Puedo hacer referencia a otras expediciones pero excedería todo el espacio que estoy dedicando a cada uno de los grandes hombres que considero. De lo que no cabe duda es que Tutmosis fue no solamente un militar valiente sino un muy hábil estratega que supo batir a sus vecinos, hacer el Egipto más grande de la Historia y recibir además vasallaje espontáneo de los que, estando más allá del

Éufrates, querían mantener una relación amable con el Faraón, tales como los asirios, hititas y babilonios. Fue además muy valiente en sus luchas personales con leones y otras fieras.

Después de la octava expedición organizó unidades navales-terrestres como después harían Alejandro y Napoleón. La paz que siguió a la novena expedición a partir del año 34 de su reinado, se basó en los siguientes puntos:

> Nombrar a los nuevos dirigentes en la región.
>
> Consolidar las relaciones diplomáticas con los estados asiáticos mediante una política de matrimonios de Estado.
>
> Asignar guarniciones permanentes.
>
> Dividir regiones conflictivas (por ejemplo Niy la separó y le nombró su propio príncipe).

Dos años antes de morir lo trajo a su hijo Amenhotep II a correinar con él preparándolo así para cuando debiera gobernar solo.

IV-V Tutmosis III constructor

El arte durante el reinado de Tutmosis III dio un salto en cantidad y calidad. Las obras son innumerables tanto en escultura cuanto en arquitectura, en artes menores y en los hipogeos reales.

Las conquistas traen riquezas. Tutmosis III fue el Faraón que más obras hizo después de

Ramsés II pero éste gobernó durante 66 años. El Templo de Amón en Karnak fue agrandado y embellecido. Se construyeron dos obeliscos grabando en ellos las hazañas del faraón. Uno está en Roma y el otro en Estambul. Trajo pájaros y plantas exóticas y apoyó y dio vida a una gran cantidad de artesanos que embellecieron las casas privadas y los lugares públicos.

El Templo de la Fiesta, el de Hathor, el de Isis, obeliscos para conmemorar distintos hechos, son solo algunas menciones de sus múltiples construcciones. En su tiempo se hicieron ciento sesenta estatuas. Las reproducciones de animales, de plantas, los vasos y todas las artes menores no tuvieron en ninguna época tal magnificencia como en ese tiempo.

Durante el periodo posterior a la corregencia, se construyeron o remodelaron cuarenta templos. Varios de ellos en Nubia bajo el virrey Nehy por orden del Faraón (los templos de Anida, de Gebel Dosha, de Semna, de Kumma) en Faras (Buhen) en la isla Elefantina los templos en honor de Jnum y de Satet, siete obeliscos, dos en Heliópolis y cinco en Tebas, otros cinco obeliscos en Karnak, el templo jubilar de Aj-manu, edificio extraordinario donde por primera vez se construyó una sala hipóstila en forma de basílica, de 44 m. de ancho por 16 de fondo.

En Karnak, del otro lado del río, construyó el templo de Deir el-Bahari, dedicado a Tutmosis I y a Hatshepsut. Su orientación es este-oeste. Tiene una gran cantidad de obeliscos, jardines y templos que sería desproporcionado describir en la longitud de este escrito. Deir el-Bahari es uno de los grandes templos de Egipto.

Durante la corregencia fueron construidos varios monumentos. El más emblemático es el de *Speos Artemidos* llamado así por los griegos que confundieron la diosa Pajet con Artemisa. El templo está horadado en la montaña cerca de Beni Hassan en el Egipto medio. Para tomar una aproximación al tamaño del templo hay que hacer notar que su frente consta de cuarenta y dos columnas en las que se relata la situación lamentable en que quedó Egipto bajo los hicsos y cómo hubo que trabajar para volverlo a su grandeza.

En Karnak la corregencia construyó en el año 7 una reforma en el templo este y en el año 16 de reinado la reforma del área central. El conjunto central denominado el *"Palacio de Maat" de Hatshepsut*, fue sin embargo terminado por Tutmosis al fallecer la reina y otro tanto ocurrió con la Capilla Roja o *"Lugar favorito de Amón"*. Se agregaron además dos obeliscos enfrentando a los dos que había construido Tutmosis I en la entrada.

La Capilla Roja es una construcción pequeña de una gran perfección. Mide 18 por 6.50 por 7.20 de altura. En ella estaba la barca de Amón que salía una vez por año. Sus características tan particulares son:

1. que fue construida con cuarcita roja
2. adentro del templo *"Palacio de Maat"* su construcción es muy sólida y estable
3. es el lugar más recóndito del templo
4. a lo largo de las hiladas están descritas las ceremonias religiosas egipcias lo que la hace un verdadero documento único.

Ya bajo Tutmosis solo, se terminaron estas obras y se construyeron otras como   el templo de Medinet Habu, el templo de Amón de Karnak *Ipét-su*, el   *Dyeser-dyeseru* o *Deir el-Bahari*, el *Dyeser-aset*, el *Dyeser-menu*, otro santuario de Tutmosis. Hay que mencionar asimismo el templo de los millones de años, *Henket-aj*, construido sobre el final de los cultivos al norte del Rameseum de Ramsés II. Ese templo está dedicado a Amón, como indica su nombre y al dios *Menjeperra* (Tutmosis III). La lista es interminable y excesiva para el propósito de este escrito. Faltaría quizá mencionar que durante su época se construyeron numerosos y magníficos hipogeos, esas tumbas subterráneas para homenajear a las personas que murieron y preservar sus cadáveres. Estoy seguro que alguien dirá porque no mencioné algún templo o construcción que es valiosa, pero siempre faltaran, a menos que dedique un libro entero a las obras del periodo de Tutmosis III.

IV-VI Tutmosis III gobernador

Las políticas que Tutmosis legó a su hijo y a los futuros faraones está basada en el apoyo de y a los sacerdotes de Amón, que con sus grandes propiedades podían mantener el orden en el país y quien, como pudo probar luego Amenhotep IV (Akhenaton), lo contrario significa graves crisis y eventualmente la pérdida del trono.

Tutmosis le dejó una enorme riqueza a su hijo producto de las conquistas que había hecho y esto era otra línea política para tener en cuenta. Muchos países mandaban regalos a veces muy costosos al Faraón solamente por el hecho de que estaba sentado en el trono más poderoso del área y de que ya había demostrado que podía dejarlo por la espada en cualquier momento.

El armamento egipcio era inferior. Después de Megiddo Tutmosis imitó y mejoró los de sus enemigos. El reino estaba dividido en trece principados. Para evitar que hubiera alguno demasiado fuerte los fue dividiendo hasta que llegaron a ser veintisiete. Había dos visires por encima de ellos que cada cuatrimestre informaban a Tutmosis. Como cambió los principados hereditarios a funcionarios del Estado, los ingresos que pagaban los habitantes no iban al príncipe-funcionario sino al Faraón. Tutmosis estableció normas de conducta muy específicas para estos visires, quienes tenían mucho poder y, por lo tanto, los quería tener claramente supervisados. En el exterior creó una región mayor en Nubia copiando el sistema interior y en el norte dividió la región en tres   zonas cada una bajo un virrey, imitando la organización interna.

Otros funcionarios importantes que reorganizó o creó fueron, el Supervisor del sello, especie de jefe del Tesoro; el Supervisor del Granero responsable por la recaudación que era el 18% de la producción; el Supervisor de la casa del oro y la plata que reportaba al supervisor del   sello; el Jefe de la Administración del Rey; el Primer Heraldo Real que lo acompañaba en todas las campañas; la administración religiosa que estuvo bajo el templo de Karnak.

A lo largo del reinado de Tutmosis todos los altos cargos fueron ocupados por camaradas que tuvo desde su tiempo de estudiante. Esto hacía que todos ellos se conocieran de mucho tiempo y formaran un grupo muy sólido de relaciones y lealtades. La transición de

Tutmosis de la corregencia a su soledad como único Faraón produciendo todos estos cambios es la mejor descripción de su habilidad política, así como sus campañas lo son de su enrome capacidad militar, considerado el mejor general egipcio de todos los tiempos.

El intercambio comercial era por trueque. Había un patrón de valor para el intercambio que era el *deben* de oro (90 gramos de oro). El sistema era sexagesimal y el *deben* se dividía en 12 *shatt*. Tutmosis cambió ese deben por otro *deben* de plata pasándose al sistema decimal, donde cada deben equivalía a 10 *qedet*.

La idea básica que trasmite la política de Tutmosis es la de la continuidad del país, de su riqueza y de su prestigio en el mundo de la época. Tutmosis es, en última instancia el creador del Imperio, que había crecido de varios reinos a solo dos y luego a uno y que había alcanzado dimensiones como nunca más volvería a tener.

V

Akhenaton - Moisés

Toynbee no lo menciona a Akhenaton porque no fue un gran conquistador o porque no participaba de la idea de sacarles a los judíos la primacía en el Dios único. En todo caso, no se puede decir de él que cambió el mundo, pero sí que dio un paso gigantesco en la relación entre el hombre y Dios y en este sentido produjo uno de los cambios de fondo más importantes sino el más importante de la Humanidad.

Amenhotep III fue un gran Faraón que aseguró las fronteras y enriqueció el país. Como solía ocurrir, lo llevaba a su hijo primogénito Tutmosis a las expediciones y fue creciendo en él la idea habitual de que al sentirse viejo iba a hacerlo corregente. Pero Tutmosis fue asesinado, probablemente por enemigos de su padre. Entones quedó en la línea de sucesión el segundo hijo Amenhotep IV.

Amenhotep IV tuvo una educación muy diferente a la que debía tener un futuro Faraón. Vivió junto a su madre Tiye en el Palacio Real, el mismo donde después de una preciosa historia semítica, fue a dar Moisés: Amenhotep IV se dedicó a las artes y a la religión. Junto a él estaba Nefertiti, mujer de extraordinarias cualidades, con quien creció, se casó y reinó.

En *Como nos sometimos judíos y cristianos*" ya he desarrollado las razones y circunstancias en las que me baso para estar de acuerdo con Osman en que Akhenaten y Moisés son una misma persona Akhenaten subió al trono como co-regente con su padre y comenzó a construir la ciudad de Tell-el-Amarna en el lugar que había elegido con su esposa. Cuando su padre se murió, él cortó la relación con los sacerdotes de Amón y declaró como Dios único a Aten. Este fue el primer monoteísmo verdadero de la Historia de la Humanidad.

Duró poco porque las presiones de los sacerdotes de Amón sobre el Faraón y su visir en la historia oficial (Moisés), lo llevaron a aquel a renunciar e irse, como hacía al mismo tiempo su visir. La historia duró 17 años. Desde el complicado comienzo de Moisés, único con nombre egipcio en una familia cuyos hermanos se llaman Aarón y Miriam, Moisés se cría en el Palacio Real. Estudia con Akhenaten, cuando Akhenaten introduce a Aten, Moisés es su Sumo Sacerdote, ambos desaparecen al mismo tiempo y cuando Moisés va a reclamar a Ramsés no tiene que reclamar por ningún pueblo sometido porque los judíos eran parte de los *apiru* artesanos y trabajadores manuales que hacían tareas para terceros cuando los contrataban. En cambio Moisés tenía dos ejércitos y el título de Faraón. Esto es más lógico. La historia nos cuenta como un ejército fue arrasado por Ramsés y como Moisés fue a pactar inmunidad contra el abandono de sus derechos imperiales. También he hecho notar que el Éxodo no pudo tener 600.000 hombres. Lo importante es que se hizo, quizá con 2.000 que son más adecuados a los problemas logísticos que plantea semejante jornada. Ya nadie discute que el mar rojo se abriera y por otra parte el monte Sinaí no existía. Todo esto puede encontrarlo el lector en Yenny. Tematika o en Cúspide o gratis en mi sitio www.hombreysociedad.com donde puede bajar los textos que hacen referencia a estos temas.

Tampoco pues es razonable pensar que el pueblo judío pudiera tardar cuarenta años en un viaje a Canaán que está próximo al mar y esta afirmación se debe a que cuarenta en semita significa mucho. En cuanto a las Tablas, es obvio que siendo las primeras más largas (seguramente las preguntas de Osiris a quien moría) Moisés se encontró con el vellocino de oro y entonces decidió hacer algo más compacto. De ellas hay que hacer notar que las dos últimas son inútiles y que la octava está ligada en realidad al tema de "no cometerás adulterio". Puig es muy específico en ambos sentidos, cuando no dedica ningún párrafo a las primeras y aclara debidamente la otra.

Sea como fuere Moisés-Akhenaten hizo dos cosas extraordinarias: creó el primer Dios único, salto al monoteísmo que hizo la Humanidad por primera vez y estableció normas de conducta que siguen aún vigentes aunque esto se deba a que Jesús nació en Israel y no en otro país.

Lamentablemente o de ex profeso, no tenemos el cadáver de ambos si fueran dos. Y digo de ex profeso porque curiosamente Moisés al llegar a Canaán se murió, automatismo que solo se da con el suicidio o con una gran casualidad y porque él pidió ser enterrado en un lugar sencillo y sin dato ninguno para evitar que su tumba fuera invadida y saqueada y, por otra parte, no tenemos el cuerpo de Akhenaten en su tumba. Los retratos del Faraón no nos definen su origen ya que el estilo de la época estilizaba las imágenes alargándolas, con lo cual no definen el posible origen de la persona.

Osman y otros abrieron el camino a esta duda que solamente se puede contradecir con tradiciones ya que no hay ningún documento de la época sobre el tema, tradiciones que son apoyadas fuertemente por el pueblo judío quien inclusive lo hace nacer a Moisés en la casa de un descendiente de David, lo cual es incomprobable.

Juntos, como parecería ser a la luz de la lógica histórica o separados a la luz de la tradición judía, Moisés-Akhenaten hizo o hicieron, un enorme servicio a la Humanidad, un cambio fundamental para la sociedad futura, que si bien la Humanidad no lo supo absorber de inmediato, abrió el camino que llevaron los *apiru* en su éxodo y la información egipcia en sus reproducciones y en sus textos. Después de la falta de dioses al monoteísmo, los sumerios dieron un gran salto que marcó los tiempos de la primera Antigüedad con el politeísmo, el ordenamiento de los dioses en funciones diferentes; después del politeísmo, la creación y luego reconocimiento de que Dios solo puede haber uno, es el último salto de la Humanidad hacia su creencia más perfecta. La concreción de esta unidad, cada una de las tres religiones que sigue esa creencia establecen diferencias y no es lo mismo ser cristiano que ser judío o islámico, pero lo espléndido de esto es que todos creemos en un solo Dios, que es el Creador, Omnipotente y Perfecto.

Cuando se fue Akhenaten también se fue Moisés. No sabemos nada más de Akhenaten, pero de Moisés tenemos la historia que los judíos escribieron seis siglos después. Lo concreto es que Moisés-Akhenaten parece que salvó a unas princesas y se casó con una de ellas con las que tuvo hijos de los que nadie habla. Luego que reinarán en Egipto Smenkare, Ay, Horemheb, Seti y Ramsés y estando en el trono Ramsés II, Moisés –Akhenaten recibió un mensaje de que había dos ejércitos a su disposición. En el sur los *apiru* habían formado uno y en el norte los sechenitas habían formado otro. No eran judíos que querían liberarse, sino miembros de un movimiento en pro de Moisés- Akhenaten. Este fue a entrevistarse como egipcio con derecho real (nunca cambió su nombre en la forma judía de sus supuestos hermanos Aarón y Miriam), con el Faraón a exigirle le trono. Ramsés no estuvo de acuerdo y mando sus tropas contra los sechenitas que fueron arrasados. Moisés-Akhenaten tomó entonces otro camino: le propuso a Ramsés no molestar más con sus derechos reales siempre que él y su gente fueran respetados y se les diera un territorio en algún lugar de Egipto. Luego viene la historia semítica, siempre florida y muy bonita, que ya he rebatido, de que 600.000 hombres se fueron a cruzar el mar Rojo y recorrieron un camino de cuyos puntos no hay ninguna mención en ninguna otra fuente, incluido el Sinaí. Hoy ya se ha modificado el Mar Rojo por una laguna llamada Roja y la muerte de los egipcios por una tormenta. También es claro que resulta imposible abastecer a 600.000 hombres en un país cuya capital Tebas, tenía 45.000 habitantes (para que veamos la exageración del relato semítico).

Moisés-Akhenaten se fue quizá detrás alguna duna y volvió con una enorme tabla que yo asumo que debía contener las más de cuarenta preguntas que Osiris hacía a quienes morían…y se encontró con un vellocino de oro. Furioso destruyó el ídolo y volvió a ver a Dios. Los judíos relatan permanentemente en la Biblia como Dios hablaba con ellos. Ningún otro pueblo contó tener tantos contactos con Dios. Después de que un soldado imprudente destruyera el Templo contra las órdenes del emperador Tito, Dios no apareció más. No quiero hacer ningún comentario que pueda o quiera ser malinterpretado, pero es un hecho que los relatos de Ezra y otros hacen intervenir a Dios todo el tiempo, y luego al desaparecer estos escribas, Dios deja de aparecer.

En un viaje de cuarenta años que puede estimarse en dos meses (cuarenta es simplemente mucho en semita), llegaron a Canaán y se asentaron a pesar de que sus habitantes no se sentían proclives a aceptarlos. Aquí hay un punto que nunca he visto que se planteara: Cuando Moisés-Akhenaten vio la tierra de Canaán dijo que esa era la tierra que les había prometido Ramsés y que él se iba a morir y quería que lo enterraran donde no hubiere señal ninguna de su tumba. Moisés-Akhenaten estaba moribundo o se suicidó, porque señaló la tierra que Ramsés les había adjudicado y se murió. Ningún escrito dice nada ni siquiera plantea la razón de esta inmediatez entre el arribo, el señalamiento y la muerte de Moisés-Akhenaten.

Lo que termina de unir a Moisés y a Akhenaten es que ninguno de los cadáveres ha sido encontrado por lo cual no podemos mostrar dos hombres que hicieron la misma vida y que no sabemos cómo eran, aunque tengamos alguna idea aproximada a través de las figuras alargadas el mejor estilo de El Greco, en las estelas faraónicas de la escuela de Tell-el-Amarna.

VI

Julio César

El tercero de los grandes gobernantes que menciona Toynbee es Julio César. Cayo Julio César era miembro de la familia de los Julias, una familia aristocrática, pero de recursos económicos limitados. Julio César nació en junio del año 100 a J.C.

Era aun un niño cuando se casó con Cossutia hija de simples caballeros pero ricos. Algunos autores han dudado de que realmente César se casara con ella, pero de todas maneras en un año anterior a sus 16 años se reunió y convivió con esta plebeya rica. A los 16 años se murió su padre, se divorció de su mujer y se casó con la hija de Cina, Cornelia. Al año siguiente fue nombrado por Cina *Flamen dialis* (sacerdote de Júpiter). Sila, dictador de Roma, trató de que repudiara a Cornelia, pero para su sorpresa, César se negó. Entonces Sila comenzó una persecución contra él que lo obligó a dejar Roma, perdidos todos sus bienes, y condenado a dormir en un lugar distinto cada noche. En una ocasión un grupo de gente de Sila lo encontró. Él le dio dos talentos a Cornelio, que los mandaba y lo dejaron ir. Estuvo enfermo y sus simpatizantes lo llevaban de una casa a la otra cada día. Se fue a Bitinia, donde el rey Nicomedes lo albergó por largo tiempo. Cuando volvió su barco fue apresado por piratas en Farmacusa. Sin saber quién era le pidieron veinte talentos de rescate. Él se rio y les dijo que les daría cincuenta. Mandó a algunos amigos para que los consiguieran y se los trajeran. Estuvo treinta y ocho días preso, no solo tranquilo sino que les ordenaba callar para poder dormir. Los piratas lo liberaron y entonces César armó una pequeña flota con la cual venció y mató a todos los piratas cruelmente.

Sila lo perdonó, rodeado como estaba por personas que le rogaban que le permitiera volver, incluidas las Vestales. César volvió y viendo que el clima político de Roma era turbulento decidió exilarse en Rodas, donde estudió oratoria con Apolonio Molón, donde también estudiara Cicerón. Cuando volvió a Roma lo puso en juicio a Dolabella por vejaciones ejecutadas en la provincia, juicio que perdió.

Se fue entonces a pelear al Asia, en Bitinia, Mitilene y Cilicia, lo cual le valió prestigio entre el pueblo. Volvió por la muerte de Sila esperando trabajar con Lépido pero lo encontró débil a él y revuelta a la ciudad por lo cual se fue nuevamente y, como Mitrídates asolaba regiones romanas en Asia, no quiso mostrarse indiferente y ayudó a restablecer el poder romano. Cuando volvió fue elegido tribuno militar por el pueblo. Su esposa Cornelia murió y él pronunció en la tribuna de las arengas una, dedicada a ella y otra a su tía Julia, quien también había muerto. En el acto fúnebre de ésta hizo poner una imagen de Mario, quien había sido su marido, estaba prohibido por Sila y nadie se había atrevido hasta ese momento a ponerlo en un acto público. Al poco tiempo se casó con Pompeya, nieta de Sila.

Su carrera política continuaba y después de ser nombrado cuestor en el 69, fue edil en el 65 y, en el 64 fue elegido para dirigir la corte penal. Al año siguiente, habiendo muerto el Pontífice Máximo, César salió de su casa, su madre lo acompañó hasta la puerta y él le dijo: "Esta noche estaré preso o volveré rico". Fue *Pontifex Maxi-*

mus, en una elección donde tuvo un enorme peso el apoyo que sus actos anteriores habían despertado favorablemente en el pueblo y a pesar del enfrentamiento con Cicerón.

En el 62 fue pretor y ese mismo año pidió el divorcio de su mujer por infidelidad ya que Clodio se habría acostado en su cama disfrazado de mujer. En el 61 fue designado gobernador de la España Ulterior (oeste de la península) y en el 59 logró acercar a Craso y a Pompeyo y formar un triunvirato con ellos. Ese año se casó con su tercera mujer, Calpurnia. Designado para gobernar la Galia dejó Roma porque se daba cuenta que no tenía la fuerza que tenía Pompeyo y necesitaba lograr más apoyo. Pompeyo quedó en la capital para manejar las cuestiones políticas. Ese año, Pompeyo se casó con la hija de César, Julia, a quien amó profundamente hasta su muerte en el año 54, a raíz de un parto.

En el triunvirato quien mandaba era sin duda Pompeyo, quien tenía bajo sus órdenes prácticamente el Imperio mientras César tenía dos provincias y 24.000 hombres. Quien podría definir el fin del mandato de César era Pompeyo y no viceversa. César era un buen orador y era popular, lo cual fue una de las razones para que Pompeyo lo mandara a comandar los ejércitos del norte del Imperio, lejos de Roma que era lo que Cesar quería. En todo este primer período político, Julio César ya mostró su capacidad y su habilidad para moverse en los momentos oportunos en la dirección que más convenía a su persona y su carrera logrando el fervor del pueblo.

En la Galia, César conquistó no solamente los territorios que aun no tenían los romanos sino que cruzó el Rin y tomó tierras de Germania. Designado cónsul, repartió tierras entre los veteranos y los necesitados, mostrando claramente sus políticas. El triunvirato continuaba aunque en medio de un equilibrio inestable. En el 56 firmaron el acuerdo de Luca que favorecía a los tres, acordándole más poder a Pompeyo, nuevas luchas de conquista a César y un porcentaje económico sobre las ganancias a Craso.

La muerte de Julia dos años después y la muerte de Craso en

lucha contra los partos en el 53, dejaron enfrentados definitivamente a César y Pompeyo, quienes en ese momento tenían gobierno sobre territorios similares y estaban enrolados en partidos diferentes, el popular César y el aristocrático Pompeyo.

El levantamiento de Vercingetorix, aliado con varias tribus galas en el 52, obligó a César a enfrentarlo y lo derrotó y mató en Alesia. Contra todo lo previsto, César se decidió a atacar a Pompeyo. La frontera entre ambos era el río Rubicón en la península itálica. César con sus hombres lo cruzó y sus palabras quedaron en la Historia: *Allea jacta est*, la suerte está echada, porque evidentemente ese acto significaba la declaración de guerra a Pompeyo.

Resumiendo esta primera etapa la carrera de Julio César se puede ordenar de la siguiente manera:

100 Nace César

Niño aun se casa con Cossutia

84 Se muere su padre.

Se divorcia

83 Flamens dialis (sacerdote de JupiterJúpiter)

Se casa con Cornelia

82 Sila le dice que se divorcie y él se niega. Empieza la persecución y se va de Roma

81 Sirvió bajo las órdenes de Minucius Thermus en la toma de Mitilene

78 Vuelve a Roma

77 Raptado por piratas y luego se venga

Estudia retórica con Molón

69 Cuestor

Muere Cornelia

65 Edil

Se casa con Pompeya

64 Dirige la corte penal

63 Pontifex Maximus

VI-I César, Pompeyo y el Imperio

Enfrentado definitivamente con Pompeyo, César comienza a disolver los centros pompeyanos. Para eso va a Lérida y luego a Marsella donde derrota a los pompeyanos. Pompeyo se había movido hacia el Oriente y César lo persigue. Se encuentran en Farsalia donde César lo derrota. Poco después Pompeyo es asesinado. Pero quedan muchos pompeyanos y César volverá a enfrentarse con ellos en África. En el año 48 intervino en la política egipcia sacándolo a Ptolomeo XIII del trono y colocando a Ptolomeo XIV junto a su hermana, a pesar de sus catorce años de edad. Allí se encontró con Cleopatra y, según parece fue seducido por la reina egipcia. De este encuentro habría nacido Cesarión, aunque César no lo reconoció explícitamente como hijo suyo. De todas formas en el 46 Cleopatra se fue a Roma con Ptolomeo y Cesarión para firmar un acuerdo pero no era la intención de la reina tan solo eso y se instaló en una mansión de César. César siempre trató bien a todas las mujeres con las que tuvo relación, aunque nunca les fue fiel.

Otra característica de César era que se trataba de un hombre dispendioso. Cada victoria suponía festejos y donaciones. A su vuelta a Roma en el 46 trajo 20.414 libras de oro, puso en escena cuatro cortejos triunfales, ofreció banquetes públicos, regaló 22.000 triclinios (donde se echaban los romanos para comer), carradas de carne, vino de Falerno y 6.000 anguilas gordas y le pagó a las tropas un sueldo retroactivo tres veces mayor que el que había pagado Pompeyo. Catón, Juba y Marco Petreo, mientras tanto se habían suicidado dando por perdido al bando republicano. Desde ese otro punto de vista que señalé antes, en esta campaña mantuvo relaciones con la bella esposa del rey de Mauritania, Eunoe, a quien dio costosos regalos para ella y su complaciente consorte.

Creó el calendario en el 46 y tuvo que agregar un mes a ese año por las pérdidas de los siglos anteriores. Este calendario estuvo vigente hasta que en 1582 Gregorio XIII desarrolló el actual calendario gregoriano por el que nos regimos, para lo cual tuvo que hacer un ajuste de once días, saltando del 4 al 15 de octubre de ese año.

César sufría de mareos, vómitos y epilepsia y por esto en algunas batallas se mantuvo en un puesto de observación pero sin intervenir directamente y esta enfermedad se agravó en los últimos años de su vida y Octavio, su sobrino, lo cuidó particularmente durante la campaña final en España.

A su vuelta en el 45 fue nombrado dictador de por vida, aunque no aceptó la corona. Era evidente que la visión de César era imperial y que consideraba a Roma el centro del mundo que tenía bajo sus pies. El bando de Cicerón sin embargo era muy fuerte aun y no estaba de acuerdo con estos avances de César hacia la monarquía. Cuando fue nombrado no solo dictador vitalicio sino hereditario, los miembros del partido democrático no podían ya dejar de condenarlo a muerte. Así lo plantearon en el Senado y César habló estando de acuerdo con lo que pudieran pensar pero aduciendo que no se podía tomar esa decisión sin un juicio previo, tratándose de una persona de su rango y familia. Bloqueó así la iniciativa, pero no las intenciones.

Al tiempo que avanzaba la idea y las iniciativas para coronarlo, crecía en el partido democrático la intención de matarlo. Finalmente fueron estos los que tomaron la iniciativa y a pesar de que varias personas trataron de avisarle del daño que se le avecinaba, la multitud que habitualmente lo rodeaba no permitió que ninguno de ellos llegara a poder ponerle sobre aviso de la conjuración para matarlo. Por el contrario Bruto lo tomó de la mano en su casa y le dijo que los sueños de Calpurnia no podían retenerlo, porque ¿Cómo haría el Senado para coronarlo, si se retiraba por tan poca cosa? Así fueron hasta el Senado y allí lo atacaron. En un momento estaba rodeado por espadas desenvainadas contra él. Dicen que dijo "¿Tú también Bruto?", de la misma manera que una augur le habría dicho que se cuidara de los idus de marzo y ese era el día porque los idus eran el 15 de marzo, mayo, julio y octubre y el día 13 de los demás meses.

Cuando se supo su muerte cundió el pánico en la ciudad y los demócratas eligieron esconderse, aunque por fin en los siguientes tres meses, habrían muerto todos, por suicidio o asesinados.

Mayor sorpresa fue para todo el momento en que se abrió su testamento, porque además de los montos generosos que dejaba para una gran cantidad de personas, designaba como su sucesor a Octavio, su sobrino, siendo que muchos esperaban que lo dejara a su hijo Cesarión. Este hecho se tomó como un indicio de que en realidad César siempre supo que es niño no era hijo suyo sino más bien de Cleopatra y su hermano Ptolomeo XIV quien a su edad   juvenil estaba en perfectas condiciones de embarazar a una mujer (tenía 14 años).

El temor y la rabia hicieron que la masa formara un montón con muebles y maderos en la plaza y sobre la hoguera colocaran el cuerpo de César para que no fuera tocado por nadie. Tomaron además teas con las cuales quisieron encontrar a los conjurados, lo que no alcanzaron a hacer pues todos se habían escondido, de todas maneras quemaron algunas casas de ellos.

El Senado lo declaró dios al día siguiente.

El cambio que hizo César fue enorme. La República se convirtió en Imperio, porque la visión de César iba más allá que la de los tradicionalistas y se daba cuenta que Roma había cambiado y que necesitaba un mando único y poderoso. El Imperio duró cuatrocientos años y fue sin duda uno de los Imperios mayores y más longevos de la Historia.

El resumen de estos últimos años de Julio César, es el siguiente:

    49 César derrota a los pompeyanos en Lérida y Marsella
    48 Batalla de Farsalia. Asesinato de Pompeyo en Egipto
    46 Victoria de César sobre los pompeyanos en África
        Cleopatra va a Roma
    45 César derrota a los últimos pompeyanos en Munda
        (España)
    45 César dictador de por vida
    44 César rechaza la corona (febrero)
        Asesinato de César en los idus de marzo

VI-II César escritor

Siendo muy joven Cesar escribió una tragedia, ”*Edipo*”, un poema en honor de Hércules y elegías amorosas. En el año 54 en pleno cruce de los Alpes escribió dos libros dedicados a Cicerón: “*De analogía*”, en defensa del purismo lingüístico; en el 46, en España escribió el poema “Iter” y en el 45 escribió “*Anticaton*” dos libros contra los libros escritos a favor de Catón.

Por nada de esto hubiera sido recordado como escritor, pero escribió también “*Comentarii de bello gallico*”, sobre las guerra en las Galias y “*Comentarii de bello civili*”, sobre la guerra civil. El estilo de César es claro, directo, con una gran cantidad de información que la traduce con un estilo hermoso por su sencillez. Para quien le interese Ed.Gredos de Madrid, ed.2002, ha publicado *Guerra de las Galias* de Julio César en latín y español simultáneamente, traducidas por Escolar y Yebra.

VII

Alejandro

Alejandro nació en Pela en el año 356 a.JC. Era hijo de Olimpia y de Filipo II de Macedonia, un gran rey, que se preocupó por darle una educación esmerada. La madre proveniente asimismo de una familia de larga nobleza, tenía una tendencia más mística que influenció en el joven rey. Alejandro tuvo una brillante educación en especial entre sus maestros, Aristóteles, quien dedicó varios años a la formación del sucesor de Filipo II. Macedonia en esa época se decoró ricamente, con el aporte de las minas de oro y de los botines de las luchas de Filipo II. Por eso también se hizo famosa como centro musical y académico y Pela fue una ciudad notable. Además Alejandro combatió junto a su padre en algunas batallas como la que tuvo contra Esparta que en ese momento era el estado líder entre los griegos. Allí aprendió en los hechos la línea oblicua, una estrategia que había desarrollado Filipo (idea de Epaminondas) en la cual, en vez de enfrentar al enemigo con una línea paralela, colocaba un fuerte contingente en uno de los extremos y el resto en diagonal con la línea enemiga. Ese frente lateral vencía rápidamente al enemigo colocado en paralelo y le permitía atacar al resto por su costado o por detrás, desbandándolo. La relación con el resto de Grecia fue en general buena, en especial después que llevó las cenizas de los muertos atenienses en la batalla de Queronea donde Filipo junto a su hijo vencieron a una alianza griega. Este acto le valió que hicieran estatuas de él y de Filipo en el Partenón.

Lamentablemente Filipo II fue muerto cuando Alejandro tenía 20 años y a tan joven edad tuvo que asumir la responsabilidad del reino como Alejandro III en el 336.

No bien subió al trono se dedicó a reestablecer el poder sobre las regiones que se habían rebelado aprovechando la muerte de Filipo. Con un pequeño ejército, pero con gran habilidad organizativa y estratégica, utilizó las tácticas que había desarrollado su padre, venció en Granico en 334 a los persas en un lugar cerca de Troya, a los sirios en Issos en 333 y a los fenicios tomando Tiro en el 332. El botín de Granico se lo envió a su madre y reina de Macedonia, Olimpia y las armaduras se las envió a los atenienses. Alejandro se mostraba hasta ese momento muy considerado y ni siquiera se hacía llamar rey, sino hijo de Filipo. De todas maneras el objetivo de Alejandro era continuar la idea básica de su padre que había sido vengar la derrota griega frente a los persas, venciéndolos y sometiéndolos a ellos. El recorrido griego significó que después de Troya pasara por Sardis donde el sátrapa persa salió a su encuentro para ponerse a sus órdenes, lo cual Alejandro aceptó y al llegar a Efeso supo que toda la tropa del lugar había huido

En el inicio Alejandro se aseguró el sometimiento de los griegos y luego cruzó al Asia Menor y la costeó por Troya, Efeso y Halicarnaso. En Troya fue coronado investido con una corona de oro y ofreció la lira de Paris, pero quería la lira de Aquiles, la cual le dieron. Frente a la tumba de Aquiles se desnudó y lo mismo hizo Hefaistos frente a la de Patroclo, pues ambos habían servido a sus señores y habían sido también sus amantes. Alejandro se vistió con la armadura de Aquiles y así partió de Troya. Cabe hacer notar aquí que Alejandro fue muy mujeriego, pero también fue homosexual, aunque no con la misma avidez.

Alejandro fue considerado un gran conquistador por la rapidez de sus movimientos. Pero fue además un hábil estratega para tomar ciudades, lo que no le es habitualmente mencionado. El cerco y toma de Halicarnaso fue una de sus más importantes y hábiles maniobras. Habiendo tomado Halicarnaso norteó hacia el centro del Asia Menor, esperó los refuerzos que vendrían con Parmenion desde Pella, tomando Goedium y Ancyra. Algunos de sus Compañeros, un grupo selecto que lo acompañó en todas sus campañas, le aconsejaron descansar, pero Alejandro decidió continuar. Desde allí, luego de pasar por Tarso e Issos, costeó el Mediterráneo hasta Gaza. En este periplo venció en las batallas mencionadas anteriormente. La experiencia marítima de Alejandro fue negativa por lo que, al igual que haría Napoleón dos mil años después, hizo sus campañas por tierra, utilizando los barcos atenienses para el transporte logístico. La conquista de las islas se la había dejado a Memnon, quien con una flota griega las tomó o visitó simplemente para asegurarse su sumisión. Sin embargo Memnon enfermó en Mitilene y murió. Esto le produjo disgusto y dificultades a Alejandro.

Los persas se aproximaron a Tarso y Alejandro tuvo que hacer marchas forzadas bajando de una meseta calurosa al fresco valle del río Cydno. Esto lo enfermó y estuvo muy mal, lo cual demoró dos meses sus planes de conquista, al cabo de los cuales marchó rápidamente hacia el sud.

Mientras tanto Darío, en contra del consejo de sus asesores, se movió hacia el norte en vez de esperarlo en un terreno que le fuera propicio. Al mismo tiempo que él iba hacia el norte, Alejandro iba hacia el sur por caminos cercanos. Darío se encontró de pronto con los que, impedidos, habían sido dejados por Alejandro, lo cual significaba que el macedonio ya había pasado por allí. Darío cometió el error de cortarle las manos a todos por lo que algunos que pudieron se embarcaron en algunos botes y se apuraron para avisarle a Alejandro sobre la presencia de Darío. Estaban a veinte kilómetros de distancia uno del otro, pero al revés de lo supuesto: Darío estaba al norte de Alejandro en vez de estar al sur.

Ambos giraron y se encontraron en una estrecha franja de terreno entre el mar y la montaña, donde Darío no pudo sacar ventaja de su mayor número de hombres. La batalla de Issos fue complicada ya que se podía cargar con la caballería en la orilla hasta donde los caballos pudieran avanzar en el agua, Darío trató de sorprender a Alejandro por su retaguardia mandando guerreros a la montaña para caer sobre la retaguardia macedonia, pero Alejandro los detuvo con sus arqueros y por fin Darío dio vuelta su carro de combate y se fue dejando a su hermano al mando. Los persas terminaron siendo vencidos, según Callistenes teniendo 110.000 muertos, aunque es una cifra dudosa porque Callistenes era partidario de Alejandro y dijo que los macedonios habían muerto sólo 305.

Cuando Alejandro, que había sido herido, llegó al campamento persa escucho voces femeninas. Eran las de las esposas y niños persas. Les dijo que fueran al campo a enterrar a aquellos a quienes quisieran dar tumba y que volvieran luego. Y nunca las usó como rehenes ni él ni nadie abusó de ellas. Sin embargo Alejandro decidió casarse con Barsine, hija de Darío III, seguramente enamorado de ella, pues estuvo nueve años casado.

Alejandro continuó hacia el sud luego de la batalla de Issos que en realidad no definió un vencedor, vista la huida de Darío. Le envió una carta al rey, proponiéndole paz y concordia pero Darío le contestó abrupta y negativamente, lo cual hizo que las siguientes cartas que intercambiaran fueran muy duras. Así Alejandro pasó por Arados, Trípoli y Biblos sin resistencia. En Sidón el rey pro persa huyó y Alejandro les propuso designar un rey neutral. Hefaistos fue el encargado de designarlo y eligió a un jardinero, ya que, dijo, un jardín era lo más parecido para administrar que un país. Los nativos aceptaron con alegría la designación y Alejandro fue a Tiro, donde nuevamente no tuvo resistencia en la Vieja Tiro, pero la Nueva Tiro, construida media milla mar adentro y con fuertes fortificaciones había y resistido trece años el asedio de Nebukadrezar el rey de Babilonia. Alejandro recurrió a nuevos arcos que alcanzaban 150 millas dañando y hasta 400 millas de alcance y construyó torres con material que sacó de la Vieja Tiro, con agua en el fondo para apagar las flechas de fuego y que podían ser movidas. Les propuso a los tirianos la paz, y ellos mataron a los mensajeros y los tiraron por la muralla a la vista de Alejandro. El problema de Alejandro era que para invadir Egipto necesitaba puertos de abastecimiento, tenía Sidón le faltaba otro y ese era Tiro. Sino se volvía riesgoso avanzar a Egipto.

El problema que le propuso Tiro disminuyó cuando los chipriotas le mandaron barcos, parte de la flota persa, cambió de bando y los cartaginenses que apoyaban a Tiro se volvieron a su ciudad. En condiciones más igualitarias y contando con los dos inventos que había hecho (las torres y los arcos) pudo finalmente tomar Tiro. La retaliación fue tremenda, matando 2.000 tirianos, crucificando otros, llevando 30.000 como esclavos, tomando en fin acciones que no eran las habituales en él.

Después de pasar por dos pequeñas ciudades con las que no tuvo lucha ni crudeza ningunas, llegó a Gaza, que también le planteaba una fuerte resistencia. Para desgracia de ellos Alejandro sufrió dos heridas en la lucha. Los macedonios no aceptaban que su jefe fuese herido. La retaliación contra los hombres de Gaza fue también muy cruel por esa razón. Normalmente las ciudades que le abrían las puertas gozaban de libertad relativa, pero de respeto. Las otras podían ser objeto de vastas retaliaciones.

Es interesante como Alejandro en cada una de las iniciativas que tomaba, seguía de cerca la obra, felicitaba a los soldados que trabajaban mejor, inclusive a algunos les daba premios económicos por su buen trabajo. Siempre era muy considerado con sus hombres aunque fuera exigente al mismo tiempo por las largas jornadas o las batallas que debían enfrentar. En una ocasión Aristóbulo, historiador de Alejandro iba con él en un bote por el Indo y Aristóbulo le leía los que había escrito sobre sus campañas. Alejandro tomó el escrito y lo tiró al río y le dijo que debería tirarlo también a él, porque esas historias no eran la verdad y eran una exageración de los hechos. Él no había matado un elefante con una lanza y lo que quería era dejar constancia de la verdad.

Volviendo a la campaña que había terminado en la costa mediterránea, debió enfrentar el desierto que la separa del Nilo. Tres meses sin agua son imposibles de llevar adelante. De alguna manera, seguramente por provisión de su flota, Alejandro pasó ese vacío y llegó al Nilo. A su llegada el Faraón puesto por los persas, Nectanebo II, se fue hacia el sur y dejó el camino libre para que Alejandro fuera coronado Faraón. De Memphis navegó hacia la desembocadura del Nilo y encontrando un lugar que le pareció magnifico decidió fundar la ciudad de Alejandría. Como después fundaría otras en el Asia. Le encargó la construcción a un griego, Cleomenes, y estableció las líneas que tendrían las murallas. Allí se enteró que las armadas de Chipre, Rodas y Fenicia habían decidido cambiar de bando, lo cual era una magnífica noticia.

Alejandro decidió ir al oasis de Shiwa, un largo viaje por el desierto donde encontró a Amón. Amón iba a ser su dios junto a Zeus desde allí en adelante. Esos fueron unos días de grave crisis para Alejandro, un cambio de fe que duró toda su vida. Alejandro siempre respetó las creencias de los pueblos que invadía e inclusive ofrecía las ceremonias que correspondieran.

Avisado de que Samaria se había levantado en armas, cruzó el Nilo y la arrasó, para deleite de los judíos a quienes inclusive dio una parte del territorio samaritano. Al mismo tiempo, había movimientos en su contra en Esparta pero la lealtad ateniense terminó con ellos. Siguiendo por la costa decidió dejar la costa y cruzar el Éufrates. Cruzó el Tigris más al norte mientras Darío había reunido un ejército imponente (habrían sido 100.000 hombres) y dejando Babilonia fue a buscar un terreno más propicio para su caballería de manera de no encofrarse encerrado como le había pasado en Issos. Por fin se encontraron en Gaugamela. Darío estaba en el valle, Alejandro en la ladera. Por qué no atacó Alejandro esa noche no es claro. Una versión dice que como estaba seguro de la victoria quería verla desde esa altura. Otra dice que Parmenion le aconsejó no atacar de noche porque podía haber palos plantados donde los hombres se murieran. En todo caso, Alejandro trató de serenar a sus tropas que estaban muy impresionadas por la cantidad de fuegos que veían en el campamento persa. Les aconsejó que descansaran. El por su parte, se fue a su tienda y luego de revisar algunos temas, se acostó y se durmió. Fue tan profundo su sueño que sus compañeros lo fueron a despertar casi al mediodía del día siguiente. Las tropas de Darío, mientras tanto, habían estado despiertas toda la noche suponiendo el ataque macedonio. Cuando sus Compañeros le preguntaron por qué estaba tan tranquilo, él dijo que iban a ganar y que por esto no se preocupaba. Se vistió después con una ropa extraordinariamente llamativa y recorrió las filas de sus hombres. Darío estaba enfrente rodeado por quince elefantes. Pero Alejandro no atacó con sus caballos el frente, ya que se hubieran asustado sino que adopto la misma estrategia diagonal de otras batallas de su padre y de él mismo. La caballería fue por los costados y giró para evitar que los rodearan. Después ocurrió lo que en esas grandes batallas: nadie podía ver más allá de seis o siete metros por la polvareda que levantaban los caballos. Darío por fin se dio a la fuga, pero Alejandro tuvo que volver porque una de sus alas estaba siendo vencida por los persas, abandonando la persecución del aqueménida.

Alejandro descendió hasta Babilonia. Para su sorpresa la ciudad se rindió. Le abrió las puertas y él ofreció sacrificios a sus dioses y reparó templos que habían sido dañados antes. Corría el año 331 a.JC.

Después de un breve descanso de cinco semanas, Alejandro tomó el camino hacia Susa, que se rindió. Alejandro descubrió dos estatuas atenienses que había llevado Xerxes y ordenó devolvérselas a Atenas. De allí ya en el 330 siguió hacia Persépolis, donde se preparaban para resistirlo, pero los sorprendió y concretó una matanza de soldados que estaban en el campamento. Alejandro, que hasta aquí se había mantenido   como un griego, aquí dejó en el poder al sátrapa que había nombrado Darío aunque colocando a su lado a un tesorero griego.

Alejandro continuó hacia Persépolis, la capital donde   estaban además los tesoros que los persas se llevaron de Grecia. Esto les dijo Alejandro a sus tropas y comenzó por golpear la muralla con una maza y su gente lo siguió. Por fin acordó con los habitantes que no iba a tomar ninguna represalia y le abrieron las puertas. Como era su costumbre, nombró a un sátrapa persa pero en esta ocasión el palacio de Persépolis fue quemado hasta su base. No es claro si fue una orden de Alejandro, si fue él quien lo comenzó o si fue Thais, la célebre prostituta quien había seguido la campaña desde Atenas como pareja de Ptolomeo, quien en un banquete enardeció a los griegos, quienes tomando antorchas incendiaron el palacio. De todas maneras lo que es seguro es que este acto de venganza final no fue obstaculizado por Alejandro y que parece que él, por lo menos, participó.

Allí recibió nuevos refuerzos griegos, como había ocurrido en dos ocasiones anteriores, reuniendo de esta manera un ejército de 50.000 hombres. Alejandro se lanzó por fin a buscar a Darío. Este seguía en las montañas con un grupo de 10.000 hombres que lo apoyaban. Quiso ir hacia el norte pero por fin se dirigió a Hamadan. Enterado Alejandro fue hacia ese mismo lugar pero llegó tarde. Le dieron la noticia de que Darío había sido asesinado y Alejandro galopó rápidamente para evitarlo, pero uno de sus hombres, buscando agua en el río vio una carreta vieja y abandonada, se acercó y adentro estaba el cadáver de Darío apuñalado. Sus asesinos estaban ya lejos y nunca fueron encontrados. Alejandro trató el cadáver de su enemigo con el mayor respeto y lo llevó a Persépolis donde le hizo un entierro digno de un Emperador.

Consciente de que había cumplido el objetivo que se había propuesto, advirtió que no había aun conquistado los últimos territorios de Asia que quería tener en esta segunda etapa. Salió hacia el sur y fundó otra Alejandría. En total fundó siete Alejandría, empezando por la egipcia y luego las que son hoy Kandahar, Herat y Karachi, otra sobre el Indo, la del Cáucaso y la de Sogdia.

En los siguiente tres años (330 a 327) norteó hacia Irán hasta Meshes; desde allí tomó la ruta del sur hasta el río Helmand y siguió hacia el este por el actual Afganistán, fundando la Alejandría que hoy conocemos como Kandahar. En todo este camino, fue acordando con o derrotando a las tribus con las que se encontraba dejando en claro quién era el nuevo amo. Alejandro además comenzó cambiar su vestimenta griega por la ropa persa, lo cual fue obviamente criticado pero lo acercaba más a sus nuevos súbditos.

Fue en esta ruta donde se descubrió un complot para matarlo y después de algunas dudas descubrió que habían sido Parmenion y su hijo Philotas quienes habían participado en la idea. A partir de ese momento Alejandro vistió definitivamente ropas persas y envió de vuelta a las tropas griegas. Esto significaba un cambio en la intención final de Alejandro, es decir, ser el Emperador de Asia. A las tropas griegas que aún estaban en Hamadan, les dio generosas retribuciones y les dijo que fueran a Grecia a hacer de padres de futuros guerreros.

En setiembre del 330 se dirigió hacia Kandahar. Y después de fundar Alejandría en el Cáucaso tuvo que soportar el ascenso y descenso del Cáucaso, una jornada que le llevó a tener que ordenar matar sus propios animales en el descenso, porque se habían quedado sin comida. Y en el valle encontraron comida y bebida. En Balkh estaba uno de los dos asesinos de Darío. El otro, Satibaranzes, se había rendido a Alejandro y recibió su perdón pero Besus se había instaurado como rey de Persia y eso era traición, que Alejandro no aceptaba. Lo venció y finalmente lo mató.

Samarkanda, la ciudad del camino de la seda, fue el siguiente encuentro en el camino que no le ofreció resistencia, pero en esa misma zona estaban las seis ciudades-fuertes que había fundado el primer rey persa, Ciro, las que se resistieron a cambiar de amo y dejar de ser libres. A las cuatro las redujo y en cada una mató unas 7000 personas y llevó como esclavos otro tanto. En la última de ellas donde no tenía ya las balas para destruir las murallas, encontró un río que cruzaba la muralla que, al ser verano, se había secado. Así a cuatro patas sus tropas y él mismo entraron a la ciudad y redujeron a sus habitantes resistentes.

Alejandro llegó a la que fuera la frontera persa con los escitas y allí fundó Alejandría, la lejana que fue derruida a lo largo de la Historia, levantada nuevamente y cambió de nombre pasando por los nombres comunistas de Leninaba y Stalinabad.

De esa zona de Sogdia pasó a la zona de Bactria donde en vez de aceptación o resistencia se encontró con guerrillas. Cuando avanzaba hacia el sur tuvo noticias de un levantamiento en Samarkanda y envió un grupo de hombres con tres jefes. Esto resultó letal y la discusión entre ellos llevó a que Spitamanes los venciera y matara a todos. Enterado Alejandro volvió sobre sus pasos pero Spitamanes ya había huido así que solo le quedó enterrar a sus dos mil hombres. En ese momento difícil recibió un refuerzo de 21.600 hombres que le aseguraba un ejército descansado, porque el ajetreo de los últimos seis meses había sido intenso, sin contar las dos heridas que él había recibido. Spitamanes, rey de Kharezm cambió, declarándose favorable a Alejandro e invitándolo a tomar el mar Negro. Pero Alejandro, que había llegado a las fronteras del Imperio Persa, se encontraba enfrente de la India y esta era una tentación a la que encontraba difícil resistirse. Pensó que a su vuelta a Macedonia, podría conquistar el Mar Negro, que le quedaba en el camino a su patria.

De todas maneras los pueblos de Sogdia se sublevaban sucesivamente y hacían que Alejandro debiera ocuparse de volver a someter uno tras otro en vez de emprender su proyecto de invadir la India. En uno de los más difíciles por el ascenso que había que hacer, el monte Koh-i-nor, en una parte muy ríspida de la montaña tenía su comarca el barón Oxyartes, fue hecho prisionero junto con sus hijas. Esa noche se hizo un banquete en el que iba a estar presente Alejandro y la hija "más bella de Asia". La cuestión es que no bien la vio Alejandro se enamoró profundamente de ella. A tal punto fue su enamoramiento que se quiso casar con ella de inmediato y así, unos días después, Roxana se casó con Alejandro en una ceremonia fastuosa como correspondía a un rey de tanto poder.

Las costumbres de Alejandro se hacían más orientales y esto causaba resentimiento en los griegos al punto que Antipater organizó su asesinato. Debería ser en una noche determinada y cuando Alejandro se levantó del banquete para ir a dormir se encontró con una profetisa que había ya demostrado sus habilidades como tal. Ella le dijo solamente que se fuera al banquete y no volviera a la cama. Alejandro lo hizo y quedó totalmente borracho pero al amanecer. El plan de Antipater había fracasado y fue corriendo la información desde los confabulados hasta llegar a uno que no lo estaba y este a otro y, como ocurre en estos casos, una cantidad de gente estaba enterada de lo que habían complotado, hasta incluso el mismo Alejandro. La lista de los que le llegaron como responsables fue la misma que usó para los arrestos y torturas. Así fueron confesando y los mató, salvo a los de mayor jerarquía a quienes dio distinto tratamiento, sobre lo que no hay acuerdo entre los hombres de la época. Por ejemplo Callístenes fue enviado con la tropa donde finalmente murió sin que Alejandro interviniera o según otra versión fue ahorcado como culpable.

En su proyecto de invadir la India flotaba la preocupación de dejar atrás todo lo conquistado. En una carta a Aristóteles le dice que su temor lo solucionaría matando a los sátrapas que había dejado en el poder y poniendo a un solo hombre de su confianza. Aristóteles le contesta diciéndole que destruir a los Farsa significaría eliminar a un grupo de excelente formación y ascender al poder a gente nueva podía ser mucho más peligroso ya que el poder es por sí mismo complicado pero más si ocurriera cualquier tipo de dificultad. Alejandro tenía en ese momento 29 años.

En su camino hacia la India debía atravesar el Paso de Magdala. En él se habían agrupado 7000 hombres para detenerlo. Poco antes una flecha lo había herido en un tobillo, pero esto no lo detuvo. Para poder enfrentarlos hizo los mismos cambios que había hecho en Gaza y, para sorpresa de los contrarios, una bala catapultada les destrozó buena parte de sus defensas y una flecha lo mató al jefe. Era una superioridad tecnológica imposible de enfrentar y se rindieron. Los 7000 hombres fueron sumados al ejército de Alejandro, pero quisieron huir en la primera noche: fueron masacrados.

Alejandro continuó hasta el Indo y al sur de este río estaba Attock, ciudad que ya los más antiguos dijeron que nunca habían podido tomar los griegos. Alejandro estaba interesado en tomar la región del Indo y subió por la cercanía del río hasta la frontera noreste en la difícil montaña donde se asentaba la ciudad de Pir-Sar. Alejandro subió primero hasta una meseta que llevaba a la otra a 2500 mts., donde se asentaba la ciudad. Mandó a treinta hombres a reconocer el terreno y fueron arrollados por piedras rodantes tiradas desde lo alto. Durante dos días los habitantes de la ciudad festejaron la victoria. Al tercer día se hizo el silencio: los habitantes habían abandonado la ciudad y algunos de ellos habían sido muertos, pero Alejandro no puso especial atención a este escape, sino a construir altares en   honor de Palas Atenea.

A partir de ese momento bajó por el sur hacia la región que dominaba Porus, con lo que terminaba la zona previa a la India de ese momento, aunque estaba transitando territorios del Pakistán y la India actuales. Porus no le rindió tributo sino que lo enfrentó. El río Jhelum o Hydaspes los separaba. Las lluvias del monzón habían comenzado. Alejandro emprendió una guerra de nervios. Colocó grandes cantidades de implementos y comida donde pudiera verlos Polus dando la sensación de que se quedaría un largo tiempo en ese lugar. Cada noche parte de su caballería galopaba al grito del "alai-alai" haciendo una verdadera barahúnda en el campamento de Porus al otro lado del río. Alejandro buscaba al mismo tiempo por donde cruzar el río teniendo en cuenta que Polus contaba con muchos elefantes. Por fin, río arriba encontró que la altura había formado una isla, lo cual facilitaba el cruce. Colocó a una parte de su ejército frente a campamento de Polus en Haranpur del otro lado del río. Las instrucciones eran de no avanzar a menos que Alejandro hubiera ganado el cruce. Cien kilómetros al este Alejandro comenzó a cruzar pero al llegar a la isla comenzó a llover intensamente y el río creció impidiendo pasar a tierra firme. Entontes Alejandro, en su viejo caballo Bucephalas se tiró al río y con el agua a la altura del hombro sin embargo el animal fue avanzando. Al verlo otros se tiraron y al final los primeros en la riada detenían las aguas a los demás y así fueron cruzando la caballería y la infantería. A partir de allí Alejandro atacó, siguiendo la misma táctica que en Gaugamela. La parte del ejército que había dejado en Haranpur atacó a los persas por el flanco al mismo tiempo que los atacaban por el frente. Ese grupo del ejército de Polus se desmembró. Además atacaron a los elefantes hiriéndolos con jabalinas en las piernas. Los animales empezaron a caminar hacia atrás emitiendo un sonido agudo que era típico de ellos en esas situaciones de heridas y de retroceso. Alejandro mandó a un hombre conocido por Porus para que le propusiera rendirse. Pero él lo odiaba y le apuntó con su jabalina. El hombre se retiró a tiempo y Alejandro mandó a un desconocido para que le preguntara si capitulaba. Esta vez Polus aceptó y Alejandro, como era su costumbre, lo dejó al mando tributando a él. Pero Alejandro había perdido a Bucephala, que había sido su caballo y le era tan querido, que de las dos ciudades que pensaba fundar a una le dio el nombre de Nicaea (ciudad de la Victoria) y a la otra el nombre de Bucephala, su caballo.

Los efectos del monzón fueron llegando inundando cada vez más los ríos que ahora tenían más cocodrilos y traían serpientes. Alejandro quería volver a Alejandría pero también quería seguir adelante. Le hicieron saber que adelante no había solamente grandes extensiones sino reinos poderosos. Alejandro consultó con Polus y éste le confirmó la existencia de algunos reinos centenarios, aunque en uno estaba como rey el hijo de un zapatero que había usurpado el poder. Con todos estos datos, Alejandro habló a su tropa. Allí se encontró con que los macedonios se mantuvieron en silencio hasta que el veterano Coenus empezó a hablar y siguieron los otros. Después de más de 11.000 kilómetros, los macedonios no querían seguir.

Al iniciar lo que sería la retirada se enteró que una tribu, los Malloi, se habían sublevado. Él no podía permitir que esto quedara sin castigo porque podría tener efectos nefastos. Se dirigió hacia la zona donde varias villas se rindieron sin presentar pelea pero cuando llegó a Malloi los nativos se habían encerrado en la ciudad. Al frente de su grupo, Alejandro alcanzó la muralla y al llegar a una de las torres decidió tirarse adentro de la ciudad. Lo hizo solo y lo acompañaron tres soldados. Pertrechado en un montón de pasto fue, sin embargo, alcanzado por una flecha en la garganta. Por suerte en ese momento las tropas habían entrado a la ciudad, lo ubicaron rápidamente y lo sacaron y los mallois fueron masacrados, incluidos mujeres y niños. La herida era grave y lo llevaron a la tienda donde su médico hizo curaciones que no están hoy dentro de las que deberían hacerse para evitar la sangría y curarlo. Pero de todas maneras evitó el derramamiento de sangre y Alejandro se curó, aunque sus oficiales le echaron en cara esa absurda actitud de saltar adentro de la ciudad en vez de esperar. Pero así era Alejandro y esta conducta no hace más que reflejar su carácter.

Mientras tanto le habían mandado nuevos refuerzos, 35.000 hombres, con los que sumaban 120.000. Su intención de volver requería la construcción de barcos para llegar a Babilonia y esto hizo. El problema que se planteaba era la falta de comida, a punto tal que de manera subrepticia, la tropa mataba algunos animales para comer.

Alejandro dejó más de la mitad de su ejército arreglando los barcos y esperando el viento y se fue con 40.000 por tierra hacia el oeste, camino de vuelta hacia su tierra. El cruce del desierto fue cruento, solo 15.000 hombres lo alcanzaron. Los demás murieron de sed y hambre, los que sobrevivieron lograron obtener pescado y agua de pueblos marítimos a los que llegaban.

La herida de Alejandro y su viaje por el desierto hicieron correr rumorees sobre su muerte y eso hizo que en algunas de las veintitrés provincias del Imperio hubiera ansiedad y algún levantamiento que fue rápidamente vencido por el sátrapa del lugar. Tuvo una tarea más difícil en Makran que finalmente reconquistó y, como resumen de estos levantamientos, condenó a cuatro sátrapas ya a cuatro oficiales los que fueron ejecutados. Mientras tanto, Nearchus, el jefe de la armada, no solo había logrado reparar y construir barcos sino que navegaba ya hacia el oeste y, pasando la línea de Alejandro en tierra, entró en el golfo de Persia, hacia Alejandría. Estos meses fueron convulsionados. Hubo varios levantamientos menores que solucionó y mandó matar a los responsables, los jóvenes se amotinaron exigiendo ser relevados como los veteranos y esto terminó con treinta condenados. A los veteranos les dio grandes regalos; hubo un casamiento múltiple en Susa y también su generosidad fue enorme; sus tendencias hacia oriente hizo que tuviera el planteo de si se decidía por los macedonios o por los iranios y se definió por estos últimos demostrando su cambio personal hacia el oriente y por fin cerró las cuestiones con un enorme banquete donde estaban todos presentes en mesas formando enormes aros y con regalos generosos para todos.

Poco después, ocurrieron dos hechos importantes y contradictorios: Alejandro tuvo un hijo de Roxana, lo que aseguraba la continuidad de su linaje pero se murió Hephaiston, su compañero de armas desde joven y se supone que más por quien tenía un gran cariño. Los funerales de este fueron como todo lo que hacía Alejandro, fastuosos. Alejandro ya sito en Babilonia, comenzó una serie de festejos que si bien podían ser interpretados en Grecia como parte de sus costumbres, en Babilonia eran un exceso y no daban impresión de serenidad.

El 29 de mayo, en una de las tantas comidas con sus jefes, Alejandro, que era de mucho beber, brindó veinte veces seguidas. Por fin en una más se cayó en su asiento y se le cayó la copa. Lo llevaron de inmediato a su cama y su médico lo atendió. Se habló de que hubiera sido envenenado, pero murió diez días después. El veneno más usado en Grecia, que es desde donde se supone venía el atentado, era la estricnina y su efecto es casi inmediato.

Roxana lo cuidó todos esos días y antes de morir, mientras dictaba sus últimas voluntades, puso la mano de Perdiccas sobre la de Roxana y les encomendó que llevaran adelante el Imperio. Se ha dicho también que murió en realidad de paludismo, pero sigue la duda, aunque Olimpia, su madre, siete años después todavía acusaba a Casandro, hijo de Antipater de haber sido su asesino.

A su muerte, Alejandro dejaba una nueva dinastía en Egipto, los Ptolomeos, un imperio nuevo, los seleucidas, derivados de Seleuco su general y una Grecia por el momento unida.

VIII

Ezra

Ezra fue un sacerdote judío que confirmó tradiciones que se supone que vienen de Moisés. Era un ortodoxo, hijo de Azariah de la tribu de Levy y fue de los que hizo el largo viaje por el desierto para volver de Babilonia a Jerusalén. Los que no habían mantenido en sus familias la tradición judía ortodoxa o lo habían hecho solo en parte, se quedaron en Babilonia ya que vivían muy bien allá, aunque como siempre dijeran los escritos judíos, que eran prisioneros. Tanto así que cuando Isaías consiguió de Ciro, el conquistador persa de Babilonia, la derogación de la orden que en su momento llevó a los judíos presos de Jerusalén a Babilonia por el rey caldeo Nebukadrezar (Nabucodonosor en Grecia), la mayoría se quedó en Babilonia sin que, inclusive, quede constancia ninguna de que Isaías se hubiera ido de la ciudad.

La importancia de Ezra es que escribió el Pentateuco, es decir los primeros cinco libros de la Biblia, es decir la Torah. Como además, Jesús eligió ser judío, este escrito de Ezra nos toca a todos los cristianos y lo más importante es que algunos de sus principios y algunas de sus afirmaciones han transcurrido estos veinticinco siglos y siguen hoy siendo parte de las creencias de nuestras sociedades, de las distintas partes del cristianismo y de quienes diciéndose no cristianos o, aun ateos, se ven involucrados en estas creencias o principios.

O sea que Ezra fue, con su grupo, el primero en confirmar en los hechos el monoteísmo judío, que había sido pregonado durante siglos pero que siempre había sido matizado con oraciones y sacrificios a Baal y otros dioses. A partir del viaje de Babilonia a Jerusalén, el monoteísmo judío se convirtió en una realidad cotidiana porque los que viajaron fueron los ortodoxos y no todos los judíos, como se repite a veces.

Pero antes de entrar en la relación de estas afirmaciones e historias generalmente conocidas, hay que tratar de comprender lo más difícil: cuando fue Ezra a Jerusalén, cuándo fue Nehemías, quien era Esdras, qué apoyo tuvieron de Ciro y de Artajerjes los judíos, quienes estaban en Jerusalén cuando los judíos volvieron a ella luego de no menos de cincuenta años de ausencia.

Esta vuelta a Jerusalén encontró a asirios y edomitas que habitaban el lugar. Esto ocurrió en el segundo año de Ciro, aunque algunos historiadores lo ubican en el primer año de Ciro. La situación de este grupo que se autodefine como pequeño, aunque no parece que para la época fuera ni con mucho pequeño, era muy incómoda y decidieron hacer una muralla, que según algunos la hicieron en un día y según otros en un año. De todas maneras todo esto nos da una idea clara: hay que tomar las tendencias pero no se puede creer en exactitudes en los datos que tenemos de toda la antigüedad. También empezaron a construir el templo.

Este primer grupo fue liderado por Zerubabel. Algunos textos lo calculan en cincuenta mil personas pero parece un número exagerado. En realidad 24.000 eran adultos y el resto eran niños, hasta un número que quizá llegara a los 40.000 en total. Esto debe de haber ocurrido alrededor del 537 a.JC. De todas maneras, el templo empezó a construirse y los samaritanos se acercaron para ayudarlos, pero fueron rechazados, creándose una más profunda división entre ambos pueblos. El rechazo fue porque los judíos dijeron que el templo de Jehová debía ser construido por ellos sin que intervinieran otros pueblos.

Algo más de diez años después los judíos le pidieron ayuda a Darío, quien les proveyó de medios y de una orden para el gobernador de la zona para que aquietara los problemas en su área.

En el séptimo año del reinado de Artajerjes, el 458, los judíos volvieron a pedir ayuda. Según la tradición, parece que Nehemías era sirviente del rey y este un día lo vio triste. Le preguntó que le pasaba y él le contó que su pueblo estaba rodeado de enemigos y en situación crítica. Artajerjes mandó un grupo de judíos con una milicia de escolta que pusieron orden en la situación. En este grupo estaba Ezra. Lo que no sabemos es si Artajerjes era el I o el II. La fecha que he dado es la que corresponde a Artajerjes I y en general es la aceptada. Pero no hay duda que pudo ser Artajerjes II y entonces el año es el 397 a.JC. aumenta la confesión cuando Nehemías en su libro dice que esto ocurrió en el vigésimo año del reinado de Artajerjes sin, nuevamente, aclarar a cual de ambos se refiere.

La cuestión es que, finalmente, los judíos construyeron su templo y a pesar de las resistencias de sus vecinos terminaron las murallas de Jerusalén.

También es cierto que a partir de ese momento Ezra desarrolló la historia de los cinco primeros libros del Antiguo Testamento que son, al mismo tiempo, la Torah judía. En medio de tantas dudas, de tantos datos poco creíbles o aun contradictorios, el sacerdote llevó a cabo la tarea de darle una historia escrita al pueblo judío que hasta ese momento se desenvolvía con tradiciones orales.

Esta historia escrita ha llegado hasta nosotros e impregna nuestra vida, porque sus mitos se hicieron carne en nuestra sociedad llegando a extremos notables. Para los judíos quedó la orden de Ezra de que dejaran a sus esposas no judías y no volvieran a casarse con mujeres que no fueran de su pueblo. La lista es impresionante, ya que un día de pronto cientos de mujeres y niños se vieron expulsados de su casa y quedaron en la calle. (La lista es de 119 hombres en esa situación, no se mencionan los niños que cada uno tuviera) ¿Cómo sobrevivieron? Nada se dice al respecto, pero es una actitud terrible, ya que esas mujeres se casaron de buena fe con esos hombres, algunas tenían años de matrimonios, y sus hijos no tenían nada que ver con cuestiones judaicas, simplemente habían nacido producto de la copulación de un hombre y una mujer que solo conocieron después de nacer.

Para todos nosotros quedó como elemento principal el desprecio por la mujer. Cuando Ezra describe el principio del mundo con los elementos fantasiosos con que contaba en ese momento, hace que Dios cree al hombre. No piensa en la mujer. Cuando lo ve al hombre solo piensa que necesita una compañera y entones crea a la mujer. No la crea de su soplo como había creado todo, sino que la crea de una parte del hombre. ¿De una parte importante? No. De una de las múltiples costillas que tenemos los seres humanos, con lo cual da un primer signo de disminución de la mujer frente al varón. Pero después termina de cerrar este concepto haciendo que Eva sea la que lo tienta a Adán para comer la manzana del árbol que los expulsará del paraíso a una vida dura como es la que vivimos a partir de ese momento los seres humanos. Nada dice de la debilidad o estupidez de Adán. La mala es Eva.

Esto se profundiza por los Primeros Padres y las mujeres son las que terminan siendo objeto de maltrato, aun hoy   y las mujeres son las que fueron quemadas por brujas (no hubo prácticamente brujos), las mujeres, en fin, no podían ser más que madres o prostitutas y solo en otras sociedades pudieron ser sacerdotisas. Algunas extraordinarias pudieron ejercer algún tipo de comercio que no fueran solo aquellos dos.

En definitiva Ezra al escribir una historia del pueblo judío condenó a la mujer a una posición inferior que ha desequilibrado la sociedad hasta nuestros días.

IX

Tales

Tales nació en el año 624 a.JC., hijo de Euxamias y de Cleobulina. Se cree, asimismo, que falleció en el año 546 a.JC. Estas fechas son estimadas aunque parecen muy aproximadas, y es muy probable que haya nacido en Mileto, ciudad que hoy es parte de Turquía.

Según Heródoto fue un político que trabajó por la unión de los jonios en la región del Egeo. Fue maestro de Pitágoras y Anaxímenes y contemporáneo de Anaximandro.

Pero no es recordado por eso. Callímaco dice que asesoró a los navegantes para guiarse por la Osa Menor y no por la Osa Mayor, midió también las pirámides egipcias y anunció un eclipse que se produjo justamente durante la batalla entre medos y lidios. Asimismo, desvió las aguas del río Halis para que Creso pudiera pasar con sus tropas.

Tales es reconocido por desarrollar cinco teoremas geométricos:

1.   Los ángulos de la base de un triángulo isósceles son iguales.
2.   Un diámetro divide al círculo en dos partes iguales.
3.   Los ángulos entre dos líneas rectas que se cortan son iguales.
4.   Dos triángulos son congruentes si tienen dos ángulos y un lado igual.
5.   Todo ángulo inscrito en una semicircunferencia es recto.

Tales se planteó el problema del cambio de las cosas: si una sustancia puede transformarse en otras, como un trozo de mineral azulado lo hace en cobre rojo, ¿cuál es la naturaleza de la sustancia, es la piedra, es el cobre, son ambas? Así pues, ¿toda sustancia puede transformarse en otra? Esto lleva a que la respuesta a esta cuestión es afirmativa, es cierto que tiene que haber una sustancia básica, que determina un orden básico de donde evolucionan las demás sustancias. El hecho de plantearse esta pregunta lo catapulta a Tales como un modificador fundamental de la Historia. Todas las respuestas se relacionaban y devenían directamente de la mitología de la opinión, pero ni siquiera contestaban eventualmente a preguntas específicas. O sea si en Egipto había una época de lluvia nadie se preguntaba por qué se producía ese fenómeno y de dónde provenía; si el agua se convertía en vapor se daba como un hecho, pero no había una pregunta para ese fenómeno. La situación se puede resumir diciendo que la Humanidad hasta Tales no se hizo preguntas o cuando se hizo preguntas se dieron respuestas provenientes de los dioses, respuestas míticas. Tales es el primer hombre que se hace una pregunta y no busca la respuesta en los dioses u otros seres extranaturales, sino que trata de buscar la causa a partir de la filosofía. La filosofía es la búsqueda de las causas últimas de las cosas a la sola luz de la razón. Esta definición establece la separación entre la filosofía y las demás ciencias u ocupaciones humanas. De la misma manera establece la diferencia entre la Humanidad hasta Tales y después de Tales. Esta puerta que abrió Tales continuó en Mileto con Anaximandro, Anaxímenes y Pitágoras y se expandió ya por toda la Humanidad. Un filósofo, un pensador no era ya un shaman ni un sacerdote, sin denostar estas otras actividades, sino que era alguien que buscaba respuestas a través de la razón. Tampoco era, como se confunde en nuestros días, un licenciado en filosofía con un filósofo. Ninguno de los filósofos de la historia fue licenciado en filosofía, sencillamente porque no existía esta carrera. Pero eran personas que, como puede hacer también un licenciado en filosofía, se dedicaron a buscar las causas de las cosas a través de la razón.

En la búsqueda de este principio universal Tales advirtió que el agua es mayor en sus mares y ríos que la Tierra, pero además están las nubes y la lluvia y el agua surgente de la Tierra. Por eso pensó que el principio general del que deviene el resto de las cosas es el agua o algunos dicen que sería la humedad, que se hace agua.

Un problema que dejó planteado Tales para las generaciones futuras es que no buscó una manera de que nos llegaran sus escritos y es así que no nos ha llegado ninguno. Nos referimos a él a través de las aseveraciones de Aristóteles y de otros filósofos que lo reconocían como el primero de los hombres filósofo, como el hombre que abrió un camino nuevo y espléndido para la Humanidad.

Tales reconoció la existencia de un alma, espíritu que inclusive tenía el imán que atraía al hierro y la inmortalidad del hombre. El alma del hombre entendía que era inmortal.

Se dice que fue el descubridor de la Osa Menor y parece que desarrolló la idea de un año de 365 días,

Al mismo tiempo, era un buen comerciante y un año previó una gran cosecha de aceitunas y monopolizó todos los lagares de la región. Cuando vino la cosecha hizo una fortuna porque todos tenían que ir a él.

El hecho de dejar de lado los mitos y los dioses y buscar alternativas a partir de la realidad que ha podido discriminar el hombre a lo largo de los siglos, es un aporte de tal magnitud que no deja de ser notable el hecho de que Tales no sea reconocido sino por quienes buscan interiorizarse en la historia del pensamiento y no por la gente en general, ya que Tales rompió la rigidez de los mitos y la adivinanza de las pitonisas por elementos donde la búsqueda fundamental es la de la realidad y de la lógica. Las sucesivas conclusiones que hoy se nos aparecen como exóticas o claramente inadecuadas, no le sacan valor al hecho sino que reafirman la falibilidad del hombre envuelto en su circunstancia, pero libre.

X

Constantino

Flavius Valerius Constantinus, Constantino el Grande, nació en Naissus, localidad de Dacia (actual Nis) alrededor del año 285. Era hijo de Constancio I Chlorus (el Pálido) y de su esposa o concubina Helena, la que murió en el año 328 y fue declarada Santa por la Iglesia Cristiana.

En esa poca, el Imperio Romano estaba dividido en tetrarquías. Dos eran regidas por un Augusto y dos por un César. Estos debían obediencia a aquellos y en ningún caso esto suponía una división del Imperio sino solamente zonas administrativas. Constancio fue designado con la jerarquía de César en el año 293 y de esta manera Constantino fue admitido a la corte de Diocleciano. Ya entonces, a pesar de su corta edad demostró ser un prometedor oficial bajo las órdenes de Galerio, el otro César, en la guerra contra los persas.

Cuando en el año 305 Diocleciano y Maximino renunciaron, Constancio y Galerio fueron designados en su lugar.

Al año siguiente Constancio le pidió a Galerio que tomara toda la administración para permitirle ir a pelear a los británicos. Constancio murió en la lucha de Eburacum y las tropas incitadas por los alamanes lo vitorearon tanto a Constantino como a Augusto. Galerio no estaba de acuerdo, pero Constantino se casó con su hermana Fausta y el padre de ambos, el que fuera Augusto, Maximino, confirmó esa designación popular.

En la Conferencia de Carnuntum en el 308, se le requirió a Constantino que dejara el título de Augusto por el de "hijo de Augusto" y él se negó. Poco después fue a defender la frontera del Rin que invadían alamanes y francos, pero tuvo que volver cuando se enteró que Maximino lo había traicionado y había tomado Marsella. Constantino lo venció y quizá lo mató. Entonces Roma lo reconoció como Augusto; el otro Augusto era Majencio.

Galerius murió en 311 y esa fue la oportunidad para que Constantino rompiera abiertamente con Majencio. Invadió Italia y lo venció en Augusta Taurinorum y en Verona. Finalmente se encontraron en el Puente Milvio. Antes de la batalla, Helena, la madre de Constantino, le dijo que en vez del sol de Mitra que llevaban ambos ejércitos en sus escudos cambiara por el signo del cristianismo que era un pez. La victoria de Constantino fue definitiva y se le adjudicó al cristianismo. Entonces Constantino dio el primer paso y declaró la libertad del culto cristiano. El Senado lo había proclamado Augusto a Licinio, quien se había casado con la hermana de Constantino, Constancia. Junto con él, firmaron o acordaron (hay dudas sobre que se haya firmado algún documento) el edicto de Milán, donde establecieron la libertad de los cristianos a ejercer su religión. Sin embargo, Constantino no se bautizó hasta cerca de su muerte.

Licinio se encargó del este y Constantino del oeste. Pronto aparecieron dificultades, pero después de dos batallas declararon la convivencia pacífica. Sin embargo, las diferencias continuaban y Licinio, que tiene un mal concepto en la Historia por su crueldad e incapacidad, insistió en atacar a los cristianos, no físicamente sino en la ocupación de puestos o espacios. Esto hizo que se reabrieran las luchas entre los dos Augustos, escudándose Licinio en el hecho de que Constantino, persiguiendo a los godos, había cruzado la frontera entre ambos, lo cual estaba permitido para estos casos. Licinio declaró la guerra y en el 322 sufrió duras derrotas en Cibalis y Adrianopolis. Licinio huyó y reorganizando sus fuerzas se enfrentó con Constantino nuevamente en Chrisopolis donde fue nuevamente vencido y esta vez, hecho prisionero. A instancias de su hermana Constancia, Constantino no lo mató sino que lo puso prisionero en Tesalónica. Pero Licinio parece que estuvo complotando con los godos y entonces Constantino lo mandó matar. Lo mismo hizo con su hijo Licinio el joven y con su César, Martiniano. Así Constantino quedó como único emperador de Roma. En el 326 mandó matar a su mujer Fausta y a su hijo Crispus que tuviera con Minervina, con quien pudo haber estado casado antes, porque también ellos complotaban contra él.

El Imperio romano estaba sufriendo la invasión sistemática de los llamados bárbaros (o sea exóticos) y era evidente que esto, en vez de disminuir, tendía a crecer. Constantino advirtió que desde Roma se estaba demasiado lejos de donde ocurrían los problemas con esos pueblos y decidió edificar una gran ciudad sobre el pueblo griego de Bizancio.

Declaró Cesar a sus hijos Constantino II (317), Constancio II (323) y Constancio I (333) y posteriormente a sus sobrinos Dalmatius y Hannibalianus, con la ingenuamente equivocada suposición de que esos jóvenes podrían convivir pacíficamente en el Imperio, lo que no fue así.

X-I Constantino y el cristianismo

He hecho ya alguna mención de la intervención de Constantino a instancias de su madre, en el cristianismo. Pero Constantino siguió interviniendo en la nueva religión como líder.

Arrio había planteado que el Hijo provenía del Padre. En el

año 314 Constantino reunió en Arelate a los obispos de África para frenar el arrianismo. Arrio fue excomulgado, pero siguió con su afirmación hasta que murió en 336. Como había influido en los pueblos bárbaros, el arrianismo continuó varios siglos todavía.

En el año 325 se reúne en Nicea el Concilio que decretó el primer Credo (el segundo es el de Trento más de mil años después). En este Concilio se establece un Credo que había escrito y que se dice que declamó Constantino, en donde se enuncia la misma substancia de la Trinidad, con lo que el ya excomulgado Arrio, quedó definitivamente fuera de la Iglesia.

X-II Constantino constructor

Constantino fue uno de los grandes constructores de la Historia. Tomó una decisión fundamental que es junto a la religiosa, la más importante de su carrera cual fue la ampliación sobre un antiguo pueblo griego llamado Bizancio, al que bautizó Constantinopla, que fue luego en el 396 declarada capital del Imperio de Oriente por Teodosio, la actual Estambul.

Constantino construyó sus edificios bajo dos tipos: el edificio rectangular y el edificio central, que podía ser redondo, poligonal o cruciforme. En esta revolución arquitectónica construyó la Iglesia de los Santos Apóstoles, en forma de cruz, que fue también su mausoleo, el Octágono de Oro, el Palacio de Salonae, la iglesia de Santa Irene, la basílica de San Pedro, luego sustituida, la de San Juan Laterano y otras muchas.

X-III Constantino organizador

Constantino modificó la organización del Imperio, cambiando las dieciséis diócesis de Diocleciano por cuatro provincias. Cada una tenía un jefe de la caballería y un jefe de la infantería. Eliminó la guardia pretoriana que había tenido poder como para matar y nombrar emperadores y dividió el Imperio en cuatro provincias, y nombró cuatro jefes administrativos uno para cada provincia.

Esta reforma fue revolucionaria.

X-IV Constantino

Constantino fue un hombre de emociones profundas, un hombre impulsivo, extravagante, deseoso de ser popular, vulnerable al elogio y al mismo tiempo rudo y caprichoso. Junto a estos aspectos de su carácter, Constantino estaba dominado por una enorme ambición sustentada en una increíble energía. Vivió aparte de Roma y, en cambio, construyó otra Roma lejos de aquella pero similar. Trabajó constantemente por el cristianismo, dándole un impulso inusitado, pero él mismo no se bautizó hasta el final de sus días. Sin embargo estas dos solas decisiones y actividades, cambiaron la Historia. Constantinopla sobrevivió hasta 1453 y el cristianismo tras múltiples crisis, sigue vigente. Sus facciones eran las de un hombre fuerte que uno no quisiera tener como enemigo.

Murió el 22 de mayo de 337 en Ancyrona, cerca de Nicomedia. La Iglesia Cristiana Ortodoxa lo ha elevado a la dignidad de Santo.

XI

Saulo de Tarso, San Pablo

Saulo de Tarso nació en esa ciudad de Cilicia alrededor del año 10 de nuestra era y murió alrededor del 67 en Roma. Era ciudadano romano y se educó ampliamente, haciéndolo dentro de los principios judíos. Era fariseo, educado con Gamaliel. Saulo en judío se llamaba Pablo cuando se dirigía a los griegos y en especial como ciudadano romano.

Era un enemigo acérrimo del cristianismo y se cree que participó en la lapidación hasta su muerte del primer mártir cristiano, San Esteban. Sin embargo, en un viaje a Damasco tuvo un accidente, se dice que su caballo rodó y algo le pasó a él que hizo que cambiara sus sentimientos convirtiéndose en un ferviente cristiano, que lo llevó al final de los tiempos a ser San Pablo.

Después del accidente siguió su viaje hacia Damasco y, ya en la ciudad, en vez de llevar a cabo su propósito inicial de perseguir a los cristianos, se puso en contacto con ellos para que le contaran y explicaran sobre Cristo y el cristianismo. Estuvo allí tres años, hasta que tuvo que huir por su   enfrentamiento con el gobernador.

Se fue a Jerusalén donde tomó contacto con Pedro y Jacobo (este y Jaime, Tiago y Diego son el mismo nombre), aunque fue breve. Salió entonces con Bernabé y fueron a Antioquía, donde Pablo se dirigió no solamente a los judíos, sino también a los greco-judíos, descendientes de aquellos que lucharon por los Macabeos y aun a los gentiles. La respuesta que obtuvieron fue magnífica y esto abrió un problema profundo en el grupo cristiano.

En "Galateos" Pablo dice que no volvió a Jerusalén sino catorce años después y que fue por la discusión del tema de   las fronteras del cristianismo. Pablo no les exigía a los judíos que se convertían, que se circuncidaran ni que cumplieran con la Ley y esto abrió las puertas a muchas personas al tiempo que profundizaba el conflicto. En una reunión en Jerusalén con Pedro, Bernabé, Juan y Jacobo, analizaron las diferencias que podían tener y acordaron que en realidad no había diferencias entre lo que proponía Pablo y lo que pensaban los otros.

Durante las tres misiones, Pablo fue siempre muy exitoso. Sus mayores inconvenientes los tuvo en Atenas donde no consiguió una reversión de adeptos al cristianismo ya que le dijeron que ellos ya tenían un templo al dios desconocido y en Corinto, donde había logrado un gran éxito y tuvo luego problemas con una actitud un tanto liberal por parte de algunos de los conversos.

Pablo hizo tres jornadas misionales hasta que en el 57 fue tomado prisionero en Jerusalén. Este arresto tenía también un ángulo de protección porque muchos judíos estaban oponiéndose a Pablo cada vez con más entusiasmo. De Jerusalén fue trasladado a Cesárea y allí, dos años después, cuando el gobernador Félix que lo mantenía en los cuarteles para evitar confrontaciones con los judíos, decidió juzgarlo, Pablo apeló al Emperador. Ante su apelación al Emperador por ser ciudadano romano fue llevado a Roma donde fue puesto prisionero, juzgado y por fin ejecutado aunque no por la cruz sino que por ser ciudadano romano debía ser decapitado.

Pablo es fundamental en la Historia del cristianismo y en la Historia de la civilización occidental. La situación en que Cristo dejó a los suyos fue la de una secta judía, como los esenios, los fariseos o los saduceos. La acción de Pablo convirtió a la religión cristiana en una religión universal y este es uno de los cambios más fundamentales de la Historia y en especial de la Historia de Occidente. Escribió catorce epístolas aunque dos por lo menos fueron escritas cuando ya había muerto. Estas dos últimas fueron cartas que él inspiró para que aumentara la fe de los cristianos. La *Carta a los Hebreos*, la Iglesia ha considerado que no ha sido escrita por él. Las demás son documentos de espiritualidad profunda que algunos comparan con el *Nuevo Testamento*. En sus cartas no habla de la vida terrenal de Jesús, sino de la espiritualidad del cristianismo y es un conjunto de documentos esenciales para la fe cristiana.

CIERRO CON LA CONTINUACIÓN DE AQUEL CON QUIEN ABRI PORQUE
AQUEL TRAJO EL AMOR Y LA COMPASIÓN Y ESTE LA HIZO UNIVERSAL

Bibliografía

Aldred, C., *Akhenaten*, Thames and Hudson, Londres, 1988.

Alonso L y otro, *Nueva Biblia Española*, Cristian., Madrid, 1996.

Boyer-Cantera, *Sagrada Biblia*, Aut.Cristianos, Madrid, 1961.

Burckhardt, J., *The Age of Coinstantine the Great*, Fol.Soc., Londres, 2007.

Enciclopedia Británica, 1995.

Floriamo, G. et.al., *Islam*, Crítica, Barcelona, 2000.

Friedman, .R.E., *Who wrote the Bible*, Harper Col., San Francisco, 1989.

Gardiner, Sir. A., *The Egyptians*, Folios Soc., Londres, 1999.

Gibbon, E., *The history of the decline and fall of the roman empire*, Fol.Soc., Londres,1984

Gilb, H., *Islam*, Barnes and Noble, USA, 1987.

Grant, M., *The roman emperors*, Barnes and Noble, U.S.A., 1997.

Hart, G., *The Pharaons*, Folio Soc., Londres, 2010.

Hazel, J., *Who's who in the roman world*, Rudflege, Nueva York, 2006.

Julio César, *La guerra de las Galias*, colección Gredos, Madrid, 2002.

Keller, W., *The Bible as History*, Barnes and Noble, USA, 1996.

Lamanna, P., *El pensamiento antiguo*, Hachette, Buenos Aires, 1970.

Lane Fox, R., *Alexander the great*, Folio Society, Londres, 1997.

Ludwig, E., *Napoleón*, Juventud, Barcelona, 1949.

Maurois, A., *Historia de Francia*, Peuser, Buenos Aires,1957.

Messori, V., *Hipótesis sobre Jesús*, Don Bosco, Buenos Aires, 1979.

Mommsem, T., *A History of Rome*, Folio society, Londres, 2006.

Myeers, J., *I&II Esdras*, Yale University Press, Londres, 1992.

Nuevo Catecismo para adultos, (holandes) Herder, Barcelona, 1969.

Osman, A., *Moses and Akhenaten*, Rochester, 2002.

Puig, A., *Jesús*, Edhasa, Buenos Aires, 2006.

Raninovitz, R., *The book of Ezra*, Messonah Public, Nueva York, 2010.

Redford, D., *Akhenaten*, Princenton University Press, Princeton, 1984.

Robertson, J., *Ezra*, Bible Book, U.S.A., 2014.

Rubio, J., *Tutmosis III*, Alderaban, Cuenca, 2006.

Suetonio, *Los doce césares*, Porrúa, México, 1995.

Vandenberg, P., *Cesar y Cleopatra*, Vergara editor, México, 1987.

Warner, R., *Cesar imperial*, Sudamericana, Buenos Aires, 1990.

El joven Cesar, Sudamericana, Buenos Aires, 1990.

CPSIA information can be obtained at www.ICGtesting.com
Printed in the USA
LVOW09s2106150316

479274LV00005B/111/P

9 789873 645129